... **Títulos relacionados**

SSCI0109
EMPLEO DOMÉSTICO

[DISPONIBLE CERTIFICADO COMPLETO]

Solicítalos en:
- Librería
- www.paraninfo.es
- Solicitudes nacionales +34 914 463 350
- Solicitudes fuera de España +34 913 308 907, +34 913 308 919

Cocina doméstica
MF1331_1

Laura Martell Siles

Laura Martell Siles comienza a trabajar en el sector de los recursos humanos desde muy joven, aunque su verdadera vocación siempre había sido dedicarse a ayudar a los demás. Por este motivo realiza la diplomatura en Trabajo Social, obteniendo el premio extraordinario de fin de carrera de su promoción. Al poco tiempo, comienza a desempeñar su labor como trabajadora social en una conocida entidad de acción social, mientras que continúa formándose como mediadora familiar, otra de sus grandes pasiones. En la actualidad, compagina su trabajo de mediadora con la redacción de manuales para cursos de Certificados Profesionales.

Índice

Introducción normativa

La Ley Orgánica 3/2022, de 31 de marzo, de ordenación e integración de la Formación Profesional, contiene una disposición derogatoria única que afecta a la regulación de los certificados de profesionalidad, ahora denominados **Certificados Profesionales**. La referida normativa deroga la Ley Orgánica 5/2002, de 19 de junio, de las Cualificaciones y de la Formación Profesional, y abre un escenario de cambios que se irá implementando progresivamente.

La Ley Orgánica 3/2022, de 31 de marzo, de ordenación e integración de la Formación Profesional implica que toda la formación es acumulable. La oferta formativa se estructura de forma escalonada, siendo los Certificados Profesionales un nivel intermedio (Grado C) de una escala que va desde el Grado A hasta el E.

En los artículos 35 a 38 de la Ley 3/2022 se describe en qué consisten estos Certificados Profesionales: su oferta, formación asociada, estructura, duración, acceso, titulación y validez. Posteriormente, esta normativa se completa con lo dispuesto en el Real Decreto 659/2023, de 18 de julio, que desarrolla la ordenación del sistema de Formación Profesional. Concretamente en los artículos 67 a 81 es donde se hace referencia a la oferta formativa de Grado C, correspondiente a los Certificados Profesionales.

Están agrupados en 26 familias profesionales con características comunes del sector. En la actualidad hay más de medio millar de Certificados Profesionales incluidos en el Repertorio Nacional. Esta cifra no deja de crecer. Además, cada certificado está específicamente regulado por un real decreto.

Un Certificado Profesional corresponde al Grado C de la oferta del Sistema de Formación Profesional. Es un documento oficial, con validez en todo el territorio nacional y debe constar en el Catálogo Nacional de Ofertas de Formación Profesional, que certifica la capacitación para el desarrollo de una actividad profesional.

Debe detallar los módulos profesionales superados y los estándares de competencia profesional asociados a él e incluidos en el **Catálogo Nacional de Estándares de Competencias Profesionales**, así como su correspondencia con el Marco Español de Cualificaciones.

Despliegan su validez en un doble ámbito, laboral y académico:

- En el contexto laboral tienen validez profesional, porque acreditan las competencias en una determinada profesión. Para poder trabajar en algunas profesiones, se exigen determinadas cualificaciones, y los certificados sirven para acreditarlas.

- Asimismo, tienen validez académica, puesto que permiten continuar un itinerario formativo siempre que se cumplan los requisitos de acceso para cursar la titulación deseada. De tal modo que, los Certificados Profesionales que sean parte de un Grado D permitirán la matrícula modular para completar los módulos establecidos en el currículo y obtener el correspondiente título de técnico básico, técnico o técnico superior con validez en todo el territorio nacional.

Para obtener un Certificado Profesional (Grado C) es preciso cumplir con los requisitos de acceso para realizar la formación.

Estructura de los Certificados Profesionales

 I. Identificación: denominación, familia y área profesional a la que pertenecen; nivel de cualificación profesional (1, 2 o 3); cualificación profesional de referencia; entorno profesional y módulos formativos que esté previsto cursar junto con la duración de cada uno de ellos.

 II. Perfil profesional: incluye las competencias profesionales requeridas en el mercado laboral. En todas ellas se concretan las realizaciones profesionales y los criterios de realización.

 III. Formación: describe los módulos formativos que esté previsto cursar para adquirir las competencias requeridas. En cada uno de ellos se indican las capacidades que se pretenden alcanzar y la duración del módulo de prácticas no laborales —PNL—, para el que cabe solicitar exención si se cumplen determinados requisitos.

 IV. Prescripciones de las personas formadoras.

 V. Requisitos mínimos de espacios, instalaciones y equipamiento.

Los Certificados Profesionales se identifican con una denominación concreta y un código alfanumérico propio, y sirven para acreditar una determinada cualificación profesional. Cada certificado está asociado a una relación de unidades de competencia que, a su vez, se vinculan con una serie de módulos formativos específicos. Algunos módulos están integrados por unidades formativas y tanto unos como otras son, en ocasiones, transversales, lo que significa que se trata de contenidos incluidos en más de un Certificado Profesional.

Los Certificados Profesionales se articulan en tres niveles de competencia profesional (1, 2 y 3) conforme a lo dispuesto en el que será el Catálogo Nacional de Estándares de Competencias Profesionales, anteriormente Catálogo Nacional de Cualificaciones Profesionales (CNCP), según los criterios establecidos de conocimientos, iniciativa, autonomía y complejidad de las tareas, en cada una de las ofertas de Formación Profesional.

La oferta formativa dirigida a la obtención de los Certificados Profesionales tiene carácter modular para favorecer la acreditación parcial acumulable de la formación recibida y posibilitar así el avance en el itinerario de Formación Profesional para cualquiera que sea la situación laboral de cada persona en cada momento.

En definitiva, el Grado C constituye la oferta, parcial y acumulable, del sistema de Formación Profesional, de varios módulos profesionales del catálogo modular de Formación Profesional por razón de su significado en el mercado laboral y conducente a la obtención de un Certificado Profesional.

Las ofertas de Grado C de Formación Profesional tendrán por objeto módulos profesionales incluidos previamente en el catálogo modular de formación profesional y asociados al Catálogo Nacional de Estándares de Competencias Profesionales.

Finalidad de los Certificados Profesionales

- Contribuir a la ordenación de un Sistema de Formación Profesional al servicio de un régimen de formación y acompañamiento profesionales que sea capaz de responder con flexibilidad a los intereses, expectativas y aspiraciones de cualificación profesional de las personas a lo largo de su vida.

- Combinar escuela y empresa situando a la persona en el centro del sistema.

- Facilitar el aprendizaje permanente de toda la ciudadanía mediante una formación abierta, flexible y accesible, estructurada de forma modular, a través de la oferta formativa asociada al certificado.

- Acreditar las cualificaciones profesionales o las unidades de competencia recogidas en estas, independientemente de su vía de adquisición, bien sea través de la vía formativa, o mediante la experiencia laboral o vías no formales de formación.

- Favorecer, tanto en el ámbito nacional como europeo, la transparencia del mercado de trabajo.

- Contribuir a la calidad de la oferta de Formación Profesional.

Este libro

El presente libro desarrolla el Módulo Formativo denominado «Cocina doméstica», MF1331_1.

Dicho módulo formativo está asociado a la Unidad de Competencia UC1331_1, que se incluye en la cualificación profesional de referencia SSC413_1, de nivel 1, y que pertenece al Certificado Profesional denominado SSC0109 «Empleo doméstico», de la familia profesional de Servicios Socioculturales y a la Comunidad.

Según el Real Decreto 721/2011, de 20 de mayo, los contenidos que en esta obra se recogen se corresponden con una formación de 60 horas de duración.

Tanto la estructura como el desarrollo del libro se ajustan al citado Real Decreto y más concretamente a los contenidos del Módulo Formativo MF1331_1 que le da título «Cocina doméstica».

Contenido

1. **Operaciones de compra de alimentos y productos para el domicilio.**
   - Aplicación de criterios de compra y reposición.
   - Proceso de elaboración de la lista de la compra.
   - Proceso de selección de establecimientos:
     — Tipología: pequeños comercios, mercados, supermercados, hipermercados, centros comerciales.
     — Publicidad.
     — Ofertas.
   - Selección de productos: interpretación del etiquetaje en productos alimenticios y de cualquier otra naturaleza que sean objeto de reposición
   - Técnicas de transporte de cargas.

2. **Proceso de almacenamiento de alimentos, productos y enseres.**
   - Técnicas de conservación de alimentos, productos y enseres.
     — Aplicar la interpretación de etiquetas en aspectos relativos a la conservación y caducidad del alimento, producto y enseres.
     — Clasificación de los productos según criterios de conservación
   - Procedimientos de organización y almacenamiento de alimentos, productos y enseres:
     — Criterios de clasificación y colocación: frecuencia de uso y conservación de alimentos, productos y enseres.

— Organización y accesibilidad de los espacios de almacenamiento: precauciones ante la presencia de niños.

— Riesgos derivados de la manipulación de cargas y altura.

- Almacenamiento y conservación de alimentos que requieren manipulación:

— Procesos de refrigeración.

— Procesos de congelación.

3. **Elaboración y conservación de alimentos cocinados**

- Técnicas de cocina doméstica:

— Técnicas de elaboración: asar, cocer, freír, pelar, picar, otras.

— Secuenciación de actividades.

— Tiempos estimados.

— Criterios de ejecución y valoración de las diferentes técnicas.

- Actuaciones previas al cocinado:

— Procedimientos previos al cocinado: descongelado, lavado, cortado, pelado, remojo, otros.

— Secuenciación de actividades.

- Proceso de conservación de alimentos cocinados:

— Técnicas de conservación: refrigeración, congelación.

— Secuenciación de actividades.

— Riesgos para la salud derivados de una incorrecta conservación.

- Manipulación de menaje, utensilios y electrodomésticos:

— Identificación y selección de menaje, utensilios y electrodomésticos según la elaboración culinaria.

— Uso y aplicación de menaje, utensilios y electrodomésticos según la elaboración culinaria.

— Interpretación de diferentes manuales de instrucciones.

- Elaboración de menús:

— Valoración de los menús según el número y requisitos alimenticios específicos de los comensales (alergias, niños, personas mayores, dietas).

— Interpretación y ejecución de las instrucciones recibidas.

— Interpretación de recetas.

— Planificación y organización de los tiempos de elaboración.

- Presentación y mantenimiento de las elaboraciones culinarias para el consumo.
- Aplicación de normas mínimas de higiene en cualquier proceso de elaboración o manipulación de alimentos.

4. **Técnicas de limpieza y reordenación de la cocina**
   - Procedimientos de limpieza e higienización de superficies, paramentos y mobiliario: limpieza de mobiliario, secado, limpieza de paramentos, barrido, fregado.
   - Técnicas de limpieza en electrodomésticos: limpieza y secado.
   - Técnicas de limpieza de vajilla y útiles, procesos manuales o automáticos.
   - Preservación del orden.
   - Aplicación de productos y útiles de limpieza:
     — Tipos, dosificación, manipulación, almacenaje.
     — Riesgos derivados de un uso incorrecto.
     — Interpretación del etiquetaje.

5. **Aplicación y seguimiento de medidas de prevención de riesgos laborales en el proceso de elaboración de alimentos, en domicilio particular**
   - Identificación de riesgos derivados de la manipulación de cargas.
   - Identificación de riesgos derivados del trabajo con menaje, útiles y electrodomésticos.
   - Identificación de riesgos derivados del trabajo con productos de limpieza.
   - Utilización de equipos de protección individual.
   - Siniestralidad en cocina.

6. **Retirada selectiva de residuos y ahorro de recursos naturales en el proceso de elaboración de alimentos, en domicilio particular**
   - Clasificación y separación de residuos.
   - Depósito en los contenedores adecuados.
   - Utilización de puntos limpios.
   - Criterios para el uso racional del agua y la energía.

■ Nota del editor

En Ediciones Paraninfo estamos comprometidos con la calidad de la formación e intentamos que nuestros materiales respondan fielmente y con rigor a las necesidades de todos cuantos confían en nuestro sello editorial.

Tratamos de dar respuesta a los currículos de las unidades formativas y de los módulos que integran los distintos Certificados Profesionales, equilibrando la parte teórica con la práctica para que los procesos de aprendizaje se conviertan en experiencias gratificantes, tanto para docentes como para las personas inmersas en los procesos formativos.

Nuestros objetivos son contribuir de forma decisiva a afianzar aprendizajes, ayudar a adquirir destrezas que tengan significado para el empleo y conseguir potenciar el desarrollo personal.

Para lograrlo contamos con excelentes autores, expertos en las materias que abordan, en la mayoría de los casos docentes de dichas especialidades con dilatada experiencia tanto profesional como académica, porque buscamos perfiles familiarizados con los contextos laborales concretos a los que se refieren nuestros manuales.

Confiamos en poder serte de ayuda y esperamos tus impresiones acerca de nuestro trabajo. Sean positivas o negativas, serán muy bien recibidas y, sin duda, nos ayudarán a seguir mejorando y trabajando con ilusión para continuar siendo un referente en formación para el empleo.

Agradecemos tu confianza en nuestros manuales. Todo nuestro equipo queda a tu total disposición. Puedes contactar con nosotros en esta dirección de correo electrónico:

info@paraninfo.es

Introducción a la obra

La incorporación de la mujer al mundo laboral ha generado la necesidad de buscar personas que puedan ocuparse de la limpieza doméstica de los hogares.

Históricamente han sido las mujeres las que se han ocupado de estas tareas, pero el hecho de pasar tiempo fuera del domicilio, debido a la actividad laboral, ha provocado que sea necesaria la existencia de personas que se dediquen a estas actividades.

La aplicación de una normativa específica al respecto es bastante actual, ya que hasta el momento la actividad que se generaba en el ámbito privado de los domicilios no estaba regulada, dando este hecho pie a la existencia de trabajo sumergido. En la actualidad, la relación laboral en el sector del servicio doméstico está regulada por dos normas:

- **Real Decreto 1620/2011, reforma el régimen laboral del empleo doméstico.**

- **Real Decreto 29/2012, de 28 de diciembre, de mejora de gestión y protección social en el Sistema Especial para Empleadas de Hogar y otras medidas de carácter económico y social.**

Estas normas son de aplicación en los casos en los que la persona empleada preste servicios para uno o varios empleadores, a jornada completa o parcial, realizando tareas domésticas entre las que nos encontramos: todo tipo de tareas domésticas, cuidado o atención de los miembros de la familia, trabajos de cuidado de menores, jardinería, conducción de vehículos siempre que se lleven a cabo enmarcados dentro del conjunto de tareas domésticas.

En cuanto a los derechos y deberes laborales están recogidos:

- En el Decreto 1620/2011, de 17 de noviembre, que regula la relación laboral de carácter especial de acuerdo con el artículo 2.1b) de la ley del **Estatuto de los Trabajadores.**

- En los artículos 4 y 5 del **Estatuto de los Trabajadores.**

Este curso va dirigido a personas que se quieren dedicar al trabajo doméstico. En muchas ocasiones nos encontramos con personas que piensan que las actividades que se realizan día a día en los hogares y que van encaminadas al mantenimiento de la higiene de la misma, no requieren ser enseñadas y se aprenden a través de la propia práctica.

A partir de estas líneas veremos cómo el hecho de ofrecer un servicio de limpieza profesional requiere unos conocimientos, habilidades y destrezas para realizarlo, ya que el objetivo no es hacerlo bien, sino hacerlo cada vez mejor.

1. Operaciones de compra de alimentos y productos para el domicilio

Introducción

Desde hace unos años, la forma de realizar las compras en España ha cambiado. Con anterioridad a este cambio, la compra se realizaba a diario, es decir, las personas responsables de realizar esta tarea se desplazaban todos los días a las tiendas para adquirir los productos que necesitaban para la elaboración de la comida. Debían ir a los pequeños comercios existentes en los cuales les solían ofrecer un solo tipo de producto: carnicerías, pescaderías, fruterías, pequeños comercios de alimentación, etc. En la actualidad, estamos rodeados de grandes hipermercados donde se nos da la oportunidad de realizar la compra de todos los productos que necesitamos con un gran ahorro de tiempo.

En estas circunstancias, es aún más importante tener muy claro cuáles son nuestras necesidades de compra, ya que el gran número de productos que se nos ofertan pueden interferir negativamente en la correcta realización de la compra, eligiendo productos que no sean necesarios o adecuados a nuestras necesidades. Por todo ello, a lo largo de este capítulo vamos a aprender a realizar la compra domiciliaria de la mejor manera posible.

Contenido

Objetivos

En este capítulo vamos a aprender a:

- Realizar la compra de acuerdo a las necesidades de un hogar y a un presupuesto establecido.

- Establecer el proceso que se debe seguir para la realización de la lista de la compra en función de la carencia de productos en la despensa.

- Conocer los tipos de establecimiento donde se pueden realizar las compras, conocer la publicidad de los mismos y las ofertas.

- Interpretar las etiquetas de los productos.

- Reconocer y evitar los riesgos derivados de la manipulación de cargas.

1.1. Aplicación de criterios de compra y reposición

A la hora de elegir los criterios que se deben aplicar cuando realizamos las compras, es necesario tener en cuenta algunos aspectos:

- Espacio destinado al almacenaje de los productos.

- Número de personas para las que se van a realizar las comidas y sus necesidades nutricionales, no son las mismas para una persona adulta que para un niño o si presentan algún tipo de patología, como, por ejemplo, la diabetes.

- Periodicidad con la que se van a realizar las compras.

- Presupuesto destinado a la alimentación.

- Costumbres de las personas para las que se van a realizar las comidas.

Por todo ello, vemos imprescindible la realización de un menú como paso previo a la elaboración de la lista de la compra. Para realizar el menú, es necesario que el empleador nos comunique los aspectos mencionados con anterioridad. Es el momento de recoger por escrito, para evitar olvidos, las costumbres de cada una de las personas para las que

se va a realizar la comida, patologías existentes en alguno de ellos, alimentación vegana o vegetariana, el presupuesto con el que se cuenta, etcétera.

Una vez obtenida esta información, se procede a la elaboración del menú. Se puede realizar de forma semanal, quincenal o mensual, teniendo en cuenta que debe ser lo más variado posible. A continuación, se ofrecen algunas claves básicas que nos ayudarán a que las comidas sean saludables:

- Productos lácteos: la leche y los yogures desnatados contienen menos grasas y menos colesterol.

- Carnes: aunque son un alimento que debe estar presente en la alimentación, es necesario saber que es más recomendable consumir carne no grasa, por ejemplo, la de ave.

- Pescados: por lo general, el consumo de pescado está muy indicado para todas las personas. El pescado puede ser de agua dulce o salada y puede ser pescado azul o blanco. También puede ser criado en piscifactorías, muy extendidas en la actualidad.

- Huevos: aunque los huevos son muy ricos en proteínas, son un alimento del que no es recomendable abusar, ya que aportan mucho colesterol.

- Frutas, verduras y hortalizas: deben tener una gran presencia en la alimentación diaria. En ocasiones, los niños presentan cierta resistencia a la hora de consumirlas, pero este hecho se puede solventar realizando recetas creativas que enmascaren la presencia de estas. Es también más interesante consumir las frutas y verduras de temporada, ya que serán más económicas y de mejor calidad.

Realizado el menú, se lleva a la lista de la compra observando en todo momento la cantidad de productos que hay en la despensa para evitar comprar más cantidad de la que se necesita, remediando así que se desperdicien y los gastos económicos que ello genera.

Actividad práctica

Elabora un menú de una semana para una familia compuesta por dos adultos y dos niños de 8 y 10 años. Ten en cuenta que los menores realizan cuatro comidas al día.

1.2. Proceso de elaboración de la lista de la compra

Una vez conocidas las preferencias de nuestro empleador, elaborados los menús y revisados los productos que tenemos en el domicilio y no debemos volver a adquirir, comenzaremos a realizar la lista de la compra.

La lista de la compra se debe hacer teniendo en cuenta el presupuesto que hay destinado para ello. Es un gasto muy importante dentro un hogar y, en parte, depende de los empleados domésticos que esta actividad se realice de la forma más eficiente y eficaz.

Para llevar a cabo la lista de la compra de manera fácil y sencilla, podemos dividirla en cuatro partes. La primera de ella recogería las frutas, verduras y hortalizas; en la segunda parte estarían representados los embutidos, las carnes, aves y pescados; en la tercera, los productos envasados y, por último, los productos de limpieza y los que no estarían incluidos en ninguno de los anteriores.

De esta forma también ahorraremos tiempo en la realización de la compra, ya que, si optamos por comprar en grandes superficies, los productos suelen estar agrupados según este esquema, y si, por el contrario, optamos por hacer la compra en tiendas más tradiciones, ya tendremos los productos divididos por tipo de alimento.

A continuación proponemos una:

FRUTAS, VERDURAS Y HORTALIZAS		EMBUTIDOS, AVES, CARNES Y PESCADOS	
Producto	Cantidad	Producto	Cantidad
Manzanas		Jamón york	
Peras		Salchichón	
Plátanos		Jamón curado	
Fresas		Filetes de pollo	
Aguacates		Muslos de pollo	
Sandía		Filetes de pavo	
Naranjas		Filetes de ternera	
Limones		Entrecot de ternera	
Lechuga		Chuletas de cerdo	
Tomates		Solomillo de cerdo	
Coliflor		Magro de cerdo	
Calabacines		Conejo	
Berenjenas		Merluza	
Pimientos		Bacalao	
Zanahorias		Dorada	
Patatas		Salmón	

PRODUCTOS ENVASADOS		PRODUCTOS DE HIGIENE, LIMPIEZA Y OTROS	
Producto	Cantidad	Producto	Cantidad
Leche		Gel	
Aceitunas		Champú	
Tomate frito		Desodorante	
Atún		Detergente	
Cereales		Suavizante	
Galletas		Lejía	
Pan de molde		Vasos de plástico	
Pasta			
Arroz			

Para realizar la lista de la compra, se puede utilizar una simple libreta o, algo más actual, una tabla en el ordenador. Aunque en un principio nos ocupe más tiempo, esta tabla quedará guardada en el ordenador y podremos utilizarla cada vez que la necesitemos de forma que la podremos imprimir y anotar en los distintos cuadros las cantidades que necesitamos.

Actividad práctica

Basándote en el ejercicio anterior, realiza la lista de la compra que corresponda.

1.3. Proceso de selección de establecimientos

Como ya hemos comentado al principio, en la actualidad existe una gran variedad de establecimientos que nos ofrecen todos los productos que podemos necesitar para la elaboración de los menús. Estos establecimientos se pueden catalogar en función de distintos criterios:

• Según el producto que venden: nos podemos encontrar con carnicerías, fruterías, pescaderías, etcétera.

• Según su ubicación: mercadillos al aire libre, mercados de abastos, supermercados, etcétera.

• Según su tamaño: tiendas tradicionales, medianas superficies, grandes superficies, centros comerciales, etcétera.

El criterio que se debe aplicar a la hora de elegir uno u otro establecimiento es, además de las preferencias del cliente, la relación calidad-precio que nos ofrezcan. Para ello es importante conocer la zona en la que vamos a trabajar, los comercios que desarrollan su actividad y las ventajas que nos ofrecen unos y otros.

1.3.1. Tipología: pequeños comercios, mercados, supermercados, hipermercados, centros comerciales

A continuación explicaremos las características y las ventajas que pueden ofrecer los siguientes tipos de comercios de alimentación:

a) Pequeños comercios: son unos establecimientos únicos cuyos compradores suelen ser los vecinos de la zona, ya que es una tienda de cercanía. El vendedor suele ser el propietario o alguno de los familiares de este. Es el vendedor el que surte al comprador de los productos que solicita. El punto fuerte de este tipo de establecimientos es la confianza que se establece entre comprador y vendedor, y sus puntos débiles son que, por lo general, suelen tener precios más elevados y que no nos ofrecen todos los productos que necesitamos, por lo que para hacer la compra completa es necesario visitar varias tiendas de este tipo con el consiguiente gasto de tiempo que se genera.

Dentro de estos pequeños comercios podemos encontrar los que están especializados en un único tipo de producto, por ejemplo, las carnicerías, droguerías, etc., y los que ofrecen a sus clientes un surtido de productos más variado.

b) Mercados: son recintos comerciales donde se agrupan comercios de venta de distintos productos. Cada uno de estos comercios se llaman puestos y son independientes los unos de los otros. Una de las grandes ventajas que ofrecen los mercados es la calidad de los productos. Se suelen ofrecer productos frescos, siendo la relación calidad precio muy buena. Al haber distintos puestos de los mismos tipos de productos, es fácil poder hacer la comparativa entre precios y calidades. El mayor inconveniente es la gran afluencia de consumidores que acude a este tipo de establecimientos y que genera retrasos al tener que esperar los turnos.

c) Supermercados: son comercios grandes en los que se ofrecen todo tipo de productos de alimentación. Los productos del mismo tipo están localizados en el mismo lugar del supermercado, es decir, se organizan por secciones, como, por ejemplo, la de carnicería, la de droguería, etc. Realizar la compra en estos establecimientos implica distintas ventajas: se pueden encontrar más variedad de marcas y productos; supone un gran ahorro de tiempo, ya que, al adquirir todos los productos en el mismo lugar, se evitan los desplazamientos y los precios son bastante competitivos, ofreciendo descuentos en algunos productos durante distintos periodos. Por el contrario, la mayor desventaja es que la calidad de los productos, sobre todo la de los perecederos, no siempre es la deseada.

Los supermercados suelen estar situados en lugares estratégicos dentro de cada barrio.

d) Hipermercados: son establecimientos de una superficie mayor a la de los supermercados y que ofrecen una mayor variedad en cuanto a los tipos de productos que se venden y entre los que se incluyen productos de menaje del hogar, bazar, electrodomésticos, alimentación, etc. Suelen situarse en las afueras de los centros urbanos, siendo necesario un vehículo para llegar hasta ellos, lo que supone una de las desventajas, aunque suelen ofrecer aparcamiento.

La mayor de las ventajas es que ofrecen otro tipo de productos que en ocasiones son también necesarios para la vivienda. Por otra parte, y dado el volumen de ventas, suelen ofrecer unos precios muy competitivos, dedicando, en ocasiones, ofertas muy atractivas a sus clientes.

e) Centros comerciales: los centros comerciales son unos establecimientos donde se concentran una gran variedad de comercios y servicios distintos, ya no solo destinados a la alimentación, sino también relacionados con la restauración y con el ocio como, por ejemplo, cines, centros lúdicos, tiendas de ropa, etc. La mayor ventaja que ofrece este tipo de centros es la concentración de distintos establecimientos.

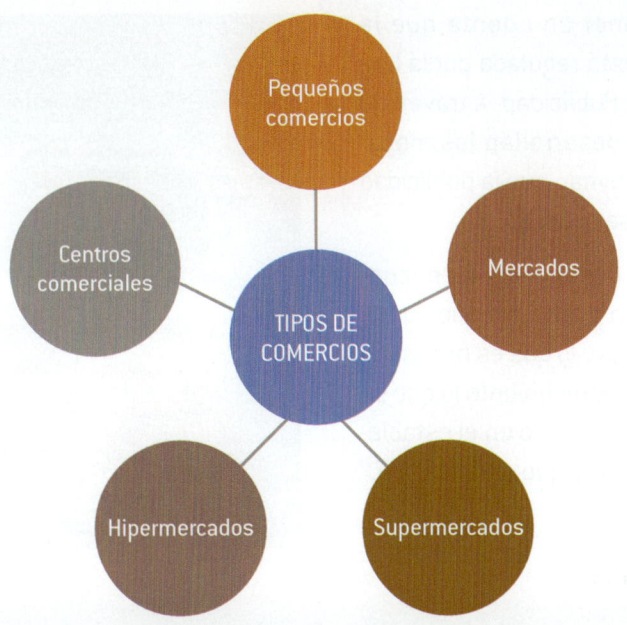

1.3.2. Publicidad

Podríamos definir la publicidad como el medio que utilizan los establecimientos para hacerse conocer y captar clientes para que sus ventas aumenten.

Por parte del consumidor, la publicidad se puede utilizar con el objetivo de realizar una comparativa de precios que nos lleve a una mejor utilización de los recursos económicos, así como conocer qué marcas se comercializan en los distintos establecimientos.

La publicidad de los establecimientos puede llegar al potencial consumidor a través de distintos medios:

- Televisión

- Radio

- Prensa

- Vallas publicitarias

- Buzoneo

- Etcétera

Hay que tener en cuenta que la publicidad está regulada por la Ley 34/1988 de Publicidad. A través de esta ley se desarrollan los mecanismos que evitan que la publicidad sea engañosa o desleal.

En muchas ocasiones nos encontraremos con publicidad que puede ser confusa, por lo que es necesario analizar con detenimiento lo que se ofrece y comprobarlo en el establecimiento una vez que estemos allí.

1.3.3. Ofertas

Las ofertas son reducciones en el precio de los distintos productos durante un tiempo determinado. La temporalidad de las ofertas va a depender del establecimiento y puede ser semanal, quincenal, mensual o por campañas, por ejemplo, Navidad, verano, etcétera.

Las ofertas son oportunidades que se deben aprovechar, ya que pueden suponer un ahorro para la economía doméstica. En ocasiones sí implica una inversión de tiempo en la búsqueda de las mismas o en los desplazamientos entre los centros comerciales.

Las empresas, antes de lanzar una oferta, valoran distintas variables como, por ejemplo, un gran *stock* en los almacenes. Por ello, proponemos algunos consejos para que la compra de un producto en oferta sea realmente una oportunidad:

- Observar la fecha de caducidad del producto, ya que muchos de ellos se ponen en oferta para aumentar las ventas y evitar que se caduquen en el establecimiento. La única precaución que deberemos tomar será acelerar su consumo.

- Comprobar que la oferta es real, ya que muchos productos se evidencian como ofertas, pero mantienen el mismo precio anterior.

- Si los alimentos son frescos, valorar que la oferta no va unida a una baja calidad del producto.

- Una vez que se ha pasado por caja, comprobar que el precio ofertado es el que realmente se ha cobrado en la cuenta, ya que en ocasiones los precios no se actualizan en los terminales de caja.

Actividad práctica

Busca los folletos de dos supermercados y elige dónde comprarías los siguientes artículos: carne de cerdo, patatas, queso en lonchas, café, leche, aceite de oliva, atún en conserva y agua embotellada. Ten en cuenta que para hacer una comparativa de precios, los productos deberán ser similares.

1.4. Selección de productos: interpretación del etiquetaje en productos alimenticios y de cualquier otra naturaleza que sean objetos de reposición

La presencia de las etiquetas en los productos es un elemento obligatorio y está regulado en el Real Decreto 1334/1999, de 31 de julio. En él se recogen las obligaciones de los fabricantes en cuanto a la información que deben incluir en el etiquetado. El objetivo es proteger al consumidor e informarlo de forma completa del producto que ha adquirido.

El etiquetado debe incluir al menos la siguiente información:

- El nombre del producto.

- Nombre y domicilio del fabricante o en su defecto del vendedor.

- Los ingredientes y la cantidad. Irán nombrados en orden de mayor cantidad a menor. Con respecto a los ingredientes, hay que puntualizar que se consideran como tal también los aditivos. Estos se pueden clasificar en:

    — Antioxidantes

    — Colorantes

    — Edulcorantes

    — Acidulantes

    — Conservantes

— Espesantes

— Potenciadores

Pueden venir representados de dos formas, o bien por su nombre o por la letra E precedida de un número. Por ejemplo, el conservante sorbato de potasio podrá ir indicado por su nombre, pero también podrá hacerlo por la nomenclatura E-202.

- Grado alcohólico. En las bebidas con graduación superior al 1,2 % deben incluir el grado alcohólico volumétrico.

- Cantidad neta. En muchos productos, por ejemplo, las conservas, se incluye el peso neto y el escurrido. En los casos de productos líquidos, se expresarán en litros o centilitros, sin embargo, en caso de productos sólidos, se incluirán en kilos o gramos.

- Fecha de duración mínima o, en su caso, la fecha de caducidad. Si el producto tiene una fecha de caducidad muy próxima, deberá incluir el día, mes y año. Sin embargo cuando esto no es así, puede incluir solamente el mes y año.

- Condiciones especiales de conservación y de utilización.

- Modo de empleo.

- Identificación del lote. El número del lote está precedido de la letra L. En el caso de que hubiera que retirar del mercado estos productos, esta numeración permite identificarlos.

- Lugar de origen o procedencia.

- Indicaciones obligatorias adicionales. Estas indicaciones son obligatorias en cierta categoría de productos alimenticios.

Todo ello debe estar expresado en la lengua española oficial del Estado, con la excepción de los productos que se elaboren y distribuyan exclusivamente en el ámbito de una comunidad autónoma con lengua oficial propia.

Las indicaciones de la información obligatoria del etiquetado deben ser fácilmente legibles e impresas con tinta indeleble.

En relación con el etiquetado de productos frescos como la carne o el pescado, también hay una serie de normas que se deben cumplir. En el caso de productos de venta al peso, en las vitrinas deben indicar la procedencia del producto. Si estos productos están envasados, deberán indicarlos en el envase, donde también se debe incluir la fecha de caducidad y la fecha de envasado.

En ocasiones, estos artículos están envasados en atmósfera protectora, por lo que también deberá indicarse en el envase.

Los productos de limpieza deben estar también etiquetados correctamente, ya que el uso de alguno de ellos entraña cierto riesgo. Por ello deben incluir en su etiquetaje la forma de utilizarlo, el riesgo que conlleva su uso, si es tóxico, inflamable, etc. A continuación se aporta una tabla con los pictogramas que pueden incluir los productos químicos y su significado:

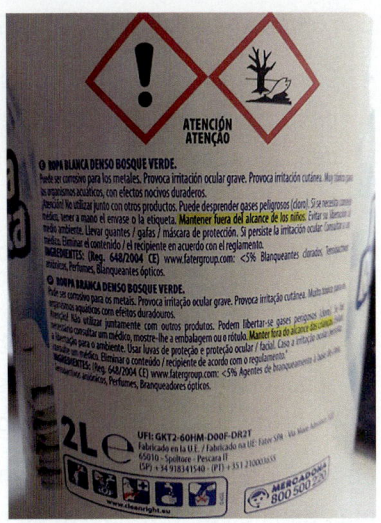

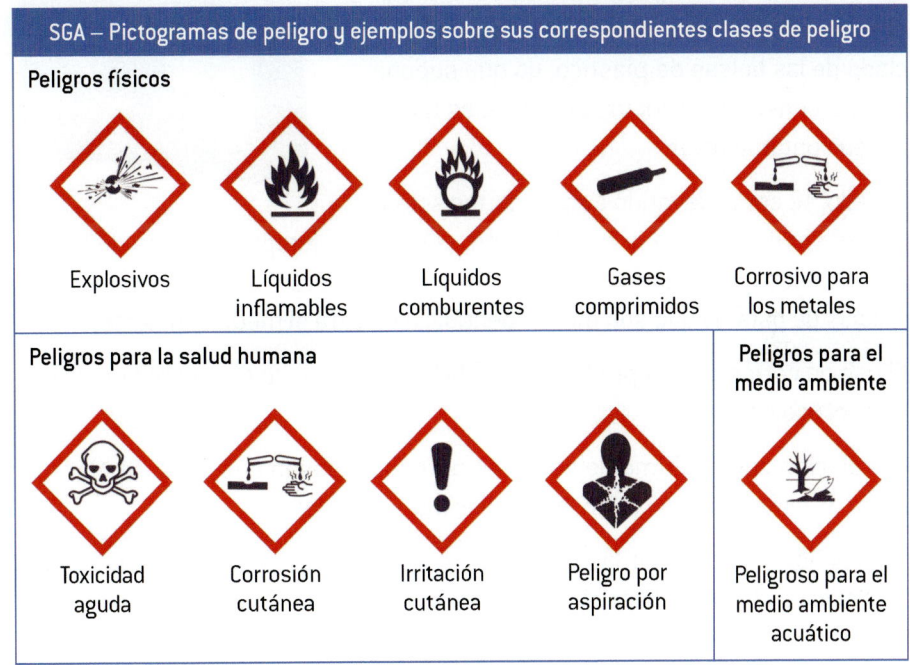

1.5. Técnicas de transporte de cargas

A la hora de transportar los productos adquiridos al domicilio, es importante llevarlo a cabo correctamente, ya que, por una parte, los productos se pueden deteriorar, por otra parte, hay que conocer los medios más usuales y, por último, la carga de productos que pesan genera riesgos para la salud.

Con respecto a lo primero, a continuación se aporta una serie de consejos:

- Colocar en el fondo de las bolsas o del carro de compra los productos de más peso, por ejemplo, bebidas, leche, patatas, etc., para encima poner los más delicados como los huevos o los yogures.

- Evitar mezclar los productos de limpieza, como, por ejemplo, detergentes, lejías, etc., con cualquier otro, ya que si se producen derrames es posible que se contaminen.

- Los productos congelados deben transportarse en bolsas isotermas, ya que si se descongelan pueden descomponerse o perder sus cualidades. Aun así no deben pasar mucho tiempo fuera del congelador.

En relación con el segundo punto, los medios más usuales de transporte de productos son las bolsas de plástico y los carros de compra. Es necesario que las personas nos concienciemos de la necesidad de la reutilización y reciclado de las bolsas de plástico, ya que supone un alto consumo de recursos naturales y producen contaminación.

Por ello, se están llevando a cabo ciertas actuaciones conducentes a la reutilización, como, por ejemplo, la venta de bolsas reutilizables y más duraderas. Por otra parte, se están fabricando bolsas con féculas de patatas que son menos perjudiciales para el medio ambiente.

El uso de carros de compra facilita también el transporte al mismo tiempo que evita el uso de bolsas.

En relación con el último de nuestros puntos, el riesgo que produce el transporte de cargas, estos serían los medios para evitarlos:

- A la hora de levantar las bolsas del suelo, se hará con la espalda recta y flexionando las rodillas. A continuación se irán estirando las piernas hasta que la postura quede recta.

- Se llevará aproximadamente el mismo peso en cada mano, así conseguiremos ir equilibrados.

- En el caso de que utilicemos un carro de compra, siempre es preferible que lo empujemos a que tiremos de él. Por ello, colocaremos el carro delante de nosotros. En la actualidad existen los carros de compra con cuatro ruedas, dos de ellas abatibles, que facilitan la subida de escalones, contribuyendo a la protección de nuestra espalda.

EN ESTE CAPÍTULO HEMOS APRENDIDO A:

- Para llevar a cabo una elaboración adecuada de la compra que se va a realizar, es necesario planificar los menús que se van a cocinar a lo largo del periodo que se tenga en cuenta.

- En la elaboración de los menús, debemos tener en cuenta el número de personas que conviven en el domicilio, las edades y las particularidades de cada uno de ellos.

- A la hora de realizar las compras, es muy importante hacer una elección adecuada del establecimiento, ya que ello va a condicionar tanto el ahorro como la calidad de los productos que adquiramos.

- Un buen recurso que promueve el ahorro en los domicilios es aprovechar las ofertas que se lanzan desde los distintos establecimientos. Estas ofertas se pueden consultar a través de la publicidad que los comercios elaboran.

- Interpretar el etiquetado de los productos y la importancia que tiene que sepamos hacerlo correctamente.

- Hacer un buen transporte de los productos que adquirimos nos ayuda a: no deteriorarlos, evitar los riesgos derivados de levantar cargas y ahorrar en el número de bolsas que se compran, favoreciendo así el medio ambiente.

EJERCICIOS DE REPASO Y AUTOEVALUACIÓN

1.1. Qué es lo primero que debes tener en cuenta a la hora de realizar la lista de la compra.

1.2. ¿Cuáles son los criterios que se deben utilizar a la hora de elegir el establecimiento donde realizar la compra?

1.3. ¿Cuál es el objetivo de la publicidad?

1.4. En qué cuatro partes se debe dividir la lista de la compra.

1.5. ¿Qué información debe contener el etiquetado de los productos frescos como, por ejemplo, el pescado?

1.6. Los colorantes que poseen determinantes productos son considerados

_____.

1.7. ¿Qué significado tiene el pictograma que incluyen las lejías en su etiquetado?

1.8. Los productos congelados deben transportarse en bolsas _____.

1.9. A la hora de realizar la lista de la compra, ¿por qué es importante tener en cuenta el espacio de almacenaje?

1.10. Para evitar que el transporte de carga suponga un riesgo para nuestra salud, ¿qué haremos?

2. Proceso de almacenamiento de alimentos, productos y enseres

Introducción

En el día a día del devenir de una familia, son muchos los productos que se compran y que deben ser almacenados correctamente en función de distintos criterios.

Los productos que se compran a diario, no solo los de alimentación sino los de limpieza, deben ser almacenados de forma diferente pero siguiendo un mismo objetivo: la correcta conservación de los mismos.

Es importante prestar también atención al lugar donde se van guardar, ya que se debe tomar una serie de precauciones con respecto a la higiene del lugar y de los útiles que se van a usar para la misma.

Contenido

Objetivos

En este capítulo vamos a aprender a:

- Conocer cuáles son las técnicas más idóneas para la conservación de alimentos.

- Clasificar los alimentos según las técnicas que se pueden utilizar.

- Conocer cómo almacenar los distintos productos.

- Saber distinguir qué productos deben ser refrigerados y cuáles congelados.

- Organizar los espacios de almacenaje de los distintos productos, tanto de alimentación como de limpieza.

2.1. Técnicas de conservación de alimentos, productos y enseres

Para aplicar correctamente las técnicas de conservación de alimentos, es importante realizar la siguiente distinción de tipos de productos:

a) Productos de alimentación: en este apartado estarían todos los alimentos que utilizamos para la elaboración de los menús saludables. A su vez se pueden dividir en dos:

- **Alimentos perecederos:** son alimentos que tienen una fecha de caducidad corta, y necesitan, por lo tanto, unas condiciones de conservación más exigentes. Algunos ejemplos los tenemos en la carne, el pescado, la fruta, los huevos, etcétera.

- **Alimentos no perecederos:** nos referimos a los alimentos cuya fecha de caducidad es más larga y cuyas condiciones de conservación son más flexibles. Son productos que suelen venir envasados. Entre ellos podemos nombrar a los siguientes: latas de atún, pasta, legumbres, etcétera.

b) Productos no alimenticios: este grupo estaría formado en la mayoría por productos de limpieza.

Teniendo en cuenta esta clasificación, podemos deducir que en los domicilios se van a necesitar tres espacios de almacenaje:

- Para los productos de alimentación perecederos, utilizaremos preferiblemente los frigoríficos y congeladores para garantizar un correcto mantenimiento de los mismos. Es necesario hacer comprobaciones sobre la temperatura, ya que si la temperatura sube, la calidad de los productos puede verse comprometida. La puerta de la nevera debe mantenerse cerrada siempre, y cuando sea necesario abrirla para coger los productos, se hará por el menor tiempo posible.

- Para los productos de alimentación que no estén considerados como perecederos, será recomendable el uso de una buena despensa, que esté habilitada con baldas para así facilitar su organización. Esta organización será necesaria para evitar repetir la compra de productos que ya tenemos, teniendo en cuenta el espacio de almacenaje para así planificar las compras y que todo pueda estar recogido donde le corresponda. Los productos que estén almacenados en la despensa, pero abiertos, deberán ser verificados puntualmente para comprobar el buen estado de los mismos.

Estas despensas deberán garantizar que los productos se almacenan en lugar fresco y seco.

- Con respecto a los productos no alimenticios, generalmente de limpieza, estarán separados de los de alimentación, preferiblemente en un lugar retirado donde el acceso no sea fácil por parte de niños o personas mayores. Será también recomendable que estén dispuestos en baldas, de no mucha profundidad para que sea fácil ver los que hay y no se caiga en comprar más de los que ya tenemos.

2.1.1. Aplicar la interpretación de etiquetas en aspectos relativos a la conservación y caducidad del alimento, producto y enseres

Como ya hemos comentado en apartados anteriores, el etiquetado de los productos, debe incluir un apartado donde se explique claramente cuál debe ser la forma idónea de conservación del producto, así como indicar cuál es la fecha de caducidad o la de consumo preferente.

En relación con la información sobre conservación, para los productos que requieren ser refrigerados, siempre aparecerá la siguiente indicación:

- Conservar entre... (por ejemplo, +1 ºC y +8 ºC).

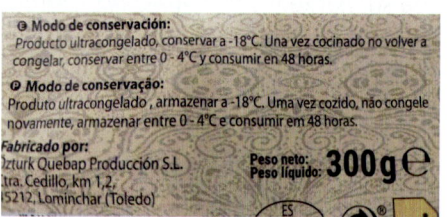

Si nos referimos a productos congelados, podremos observar la siguiente leyenda:

- Conservar a temperatura inferior a −18 ºC. Una vez descongelado no volver a congelar.

Con respecto a los productos congelados, es muy importante extremar las precauciones de conservación, ya que la cadena de frío no debe perderse. La cadena de frío es el sistema formado por los pasos que se deben respetar para que los productos congelados o refrigerados lleguen al consumidor de forma segura. Se llama cadena porque son un conjunto de etapas por las que pasan los alimentos hasta que llega al domicilio del consumidor. Desde que el producto se fabrica, pasa por las manos del distribuidor, del responsable del almacén, del repartidor, del reponedor y, por fin, del consumidor. Durante todo este proceso, la temperatura del producto debe mantenerse intacta para que no se vea afectada la calidad y seguridad de este. En el caso contrario, se podría facilitar el desarrollo de microbios y la consiguiente alteración del alimento.

Si nos referimos a productos de alimentación que no necesitan frío, podemos encontrar una gran gama de indicaciones. Algunas de ellas son las siguientes:

- Conservar en sitio fresco, protegido de la luz solar y en ausencia de olores agresivos.

- Una vez abierto, conservar en frigorífico y consumir en un plazo inferior a…

- Conservar en lugar fresco y seco. Preservar el producto de la luz directa e intensa y del calor excesivo.

Otro aspecto que hay que tener en cuenta sobre el etiquetado de los productos es la fecha de caducidad o la de consumo preferente. Aunque pueden parecer que se refieren a lo mismo, son dos datos distintos.

La fecha de caducidad es una fecha de seguridad que aporta el fabricante o el envasador del producto y que indica el día que termina la garantía de conservación del producto. Esto quiere decir que, una vez finalizada esta, el alimento puede ser perjudicial para la salud.

Por otra parte, nos podemos encontrar la fecha de consumo preferente. En este caso nos referimos a una fecha a partir de la cual el fabricante no nos garantiza que se mantenga la calidad del producto como, por ejemplo, menos sabor u olor, disminución de proteínas, etcétera.

2.1.2. Clasificación de los productos según criterios de conservación

Para una conservación óptima de los productos, es necesario clasificarlos según las condiciones de conservación que requieren.

Siguiendo las indicaciones citadas con anterioridad, lo primero que habría que hacer sería clasificar los productos según la distinción realizada: productos de alimentación y productos no alimenticios. A continuación, se debería distinguir entre los productos de alimentación, los que son perecederos de los que no.

Los productos no alimenticios no suelen entrañar problemas de conservación, ya que no hay una necesidad de consumirlos con premura por su ausencia de caducidad.

Los productos precederos se conservarán en la nevera, congelador o lugar habilitado a tal efecto. Deberán organizarse según el siguiente criterio: los que se hayan adquirido más recientemente deberán colocarse detrás de los que tuviéramos, porque lo más lógico es que la fecha de caducidad sea anterior.

Con respecto a los productos que se conservan en la nevera, hay que tener en cuenta también la mezcla de olores. Los productos que se almacenan en la nevera y que estén abiertos deberán ser introducidos en envases alimenticios para evitar que la nevera quede impregnada de su olor y, por consiguiente, el resto de productos, así como evitar que el alimento quede reseco por el frío y pierda sus características.

Los productos congelados se organizarán en el congelador teniendo en cuenta que es importante separar el pescado, la carne y el resto de productos, por ejemplo, el hielo. El pescado es un producto que desprende mucho olor y si se congela cerca de otros no es raro que los otros productos acaben oliendo a pescado. En el caso de que el congelador no disponga de cajones independientes, se utilizarán bolsas de congelación, si es que el producto no viene envasado, con cierre hermético que evite el traspaso de olores.

Todos los productos deberán ser colocados en lugar visible donde se tengan en cuenta para su consumo y no se duplique su compra.

Los productos que no sean perecederos deberán guardarse en un lugar que esté alejado de puntos de calor, por ejemplo, el horno o el microondas, preservándolos de exposiciones al sol y a la humedad.

Si los productos están abiertos, será necesario consumirlos lo antes posible, comprobando su idoneidad para el consumo.

Actividad práctica

Imagina que acabas de llegar de realizar la compra y has adquirido los productos que a continuación se relacionan: carne, patatas congeladas, yogures, lejía, leche fresca, patatas, queso rallado, macarrones, agua embotellada y detergente líquido. Indica cuáles de ellos almacenarías antes, en qué lugares y por qué.

2.2. Procedimientos de organización y almacenamiento de alimentos, productos y enseres

Para la organización y almacenamiento de alimentos, productos y enseres, uno de los criterios que se tiene que aplicar debe ser el higiénico.

En relación con los productos de limpieza, como hemos comentado ya, deberán almacenarse en lugares alejados de los alimentos, ya que los vapores, olores y posibles derrames pueden poner en peligro la calidad de los productos de alimentación y, por consiguiente, la salud de las personas que los consuman.

Por otra parte, tenemos los enseres que se utilizan para la realización de la limpieza doméstica tales como cubos, fregonas, cepillos, recogedores, etc. Estas herramientas de limpieza, también pueden suponer focos de infección, por lo que su almacenaje es importante que se haga en un lugar distinto de los productos de alimentación.

Los alimentos se colocarán en función de sus características, en la nevera, congelador o despensa, teniendo en cuenta en estos últimos que estén alejados de fuentes de calor, humedad o que reciban directamente la luz del sol.

En el caso de que no se disponga de despensa, estos productos deberán ser guardados en los muebles de la cocina, reduciendo su espacio para el almacenaje.

2.2.1. Criterios de clasificación y colocación: frecuencia de uso y conservación de alimentos, productos y enseres

El principal criterio de clasificación que utilizaremos será el de agrupar lo productos según su tipología: la carne con la carne, el pescado con el pescado, y así sucesivamente. Si nos referimos a productos envasados, podremos hacerlo agrupando las conservas por una parte, las pastas y legumbres por otra, etcétera.

Es importante tener en cuenta que los productos que hemos comprado con anterioridad deben ser consumidos en primer lugar. A esto se le llama rotación, y es importante, ya que así evitaremos que los productos lleguen a caducarse.

En relación con los productos que no sean de alimentación, por ejemplo, los de limpieza, lo haremos según su uso, por ejemplo, los que se utilizan para la lavado de ropa se intentarán que estén lo más cerca posible de la lavadora, sobre todo en el caso de que esta esté en un lavadero u otra dependencia, mientras que el resto de productos de limpieza se situarán todos juntos, como ya hemos visto antes, alejados de los productos de alimentación y de los niños.

Los útiles y herramientas de cocina se guardarán en los lugares destinados a ello, teniendo en cuenta el uso de los mismos y el tipo de útil. Por ejemplo, agruparemos las ollas, los cazos y las sartenes por una parte, mientras que los cubiertos los mantendremos organizados en un cajón. Algunas herramientas como, por ejemplo, los cuchillos deben estar situados en lugares alejados del alcance de los niños, pero en que sea de fácil acceso para las personas que vayan a utilizarlos, ya que son de uso habitual. Las palas para cocinar,

espumaderas, cucharones, etc., se pueden colocar colgados en la pared para facilitar su uso.

2.2.2. Organización y accesibilidad de los espacios de almacenamiento: precauciones ante la presencia de niños

Por lo general, en las viviendas suele pasar que el espacio para almacenar, tanto los productos de alimentación como los útiles y productos de limpieza, suele ser muy reducido. Es por eso que es importante una buena organización para que se pueda aprovechar al máximo el espacio del que disponemos. La primera consideración sería poner los productos con las mismas características juntos. Por ejemplo, los tetrabriks, que son envases cuadrados, apilados en el mismo lugar para aprovechar al máximo el espacio. Hay tener en cuenta la fecha de caducidad, almacenando detrás los que tengan la fecha de caducidad más larga.

Es importante tener en consideración la resistencia de las baldas de las despensas y de las neveras. En ocasiones, colocamos una cantidad de peso superior a la que puede aguantar y se producen roturas con las consiguientes molestias. Para evitarlo, colocaremos los productos de más peso en la balda inferior. Si no fuera posible, intentaremos reforzar la balda o repartir el peso.

A continuación, ofrecemos algunos ejemplos de cómo organizar una despensa:

PAPEL HIGIÉNICO, PAPEL DE COCINA

ARROZ, PASTA, LEGUMBRES...

CONSERVAS

LECHE, REFRESCOS, BEBIDAS...

El siguiente gráfico nos ofrecería una manera de organizar una nevera con productos perecederos. La organización de la misma se hace en función de cómo se reparte el frío dentro del frigorífico:

REFRESCOS	
EMBUTIDOS	
YOGURES	
PRODUCTOS FRESCOS (CARNE O PESCADO)	
CAJÓN PARA LA FRUTA Y VERDURA	
CAJÓN DEL CONGELADOR PARA LA CARNE	
CAJÓN DEL CONGELADOR PARA EL PESCADO	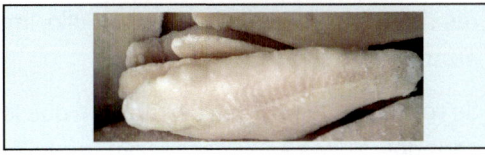
CAJÓN DEL CONGELADOR PARA OTROS (HIELO, HELADOS, ETC.)	

A continuación, se muestra una de las posibilidades de organizar un armario de material de limpieza.

Fregonas y cepillos		
		Productos de limpieza en baldas elevadas para evitar que los niños los alcancen
		Bayetas, estropajos, etc.
		Utensilios de limpieza: limpiacristales, plumeros, etc.
		Cubos

Para elegir dónde se van a almacenar los productos, hay que tener en cuenta la presencia de niños en el domicilio. Para evitar accidentes, se seguirán las siguientes indicaciones:

- Los productos tóxicos de limpieza se almacenarán en las baldas superiores de los lugares habilitados para ello, impidiendo así que los niños puedan alcanzarlos.

- Se revisará que no haya derrames y que los productos estén correctamente cerrados. Nunca se almacenarán tumbados.

- Los envases de cristal se guardarán en el fondo de la despensa para evitar que, al coger otro producto de la parte de atrás, se caigan.

- Los útiles de cocina que puedan ser peligrosos para los niños, deberán guardarse en un lugar donde ellos no tengan acceso.

2.2.3. Riesgos derivados de la manipulación de cargas y alturas

La manipulación de cargas puede dar lugar a lesiones por la sobrecarga física que supone. Los efectos suelen ser lumbagos, hernias discales y lesiones de espalda en general. Para que la manipulación de cargas llegue a provocar estos efectos, no es necesario que se manipulen cargas muy pesadas, sino que con otras más ligeras, pero de manera frecuente, también pueden aparecer.

Uno de los motivos por los cuales se generan estas lesiones es el exceso de confianza que hace que se soporten cargas superiores para las que nuestro cuerpo no está preparado, además utilizando posturas inadecuadas.

En nuestro caso, estas situaciones se pueden dar en los momentos en los que se realiza la compra y necesitamos levantar las bolsas del suelo. La mejor postura para realizar esta tareas es flexionando las piernas en lugar de doblando la espalda. Es muy importante que la espalda permanezca recta.

Por otra parte, cuando se está transportando la carga será recomendable equilibrar el peso entre los dos brazos, es decir, que en cada lado del cuerpo se esté cargando con un peso similar. De esta forma la espalda permanece recta y se evita que se fuerce.

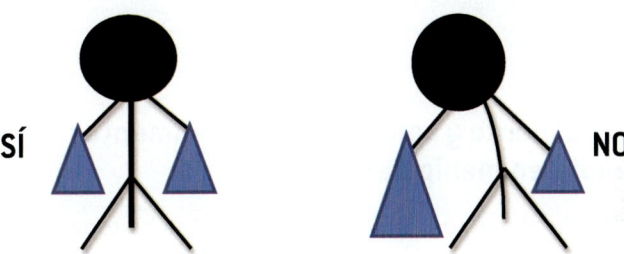

En el trabajo doméstico, una de las situaciones que puede generar riesgo es los trabajos en altura, ya que implica la posibilidad de caída a distinto nivel. El riesgo existe aunque la altura a la que se trabaje sea poca. Aún a poca altura, una caída puede suponer que la persona se golpee con algún mueble cercano con desenlaces dramáticos.

El riesgo de caídas aumenta cuando se utilizan medios no concebidos para este fin, como, por ejemplo, taburetes o sillas. Este tipo de caídas a distintas alturas suponer la causa principal de accidentes graves y mortales en el trabajo doméstico.

Para evitar estos riesgos es recomendable seguir los siguientes consejos:

- Siempre que sea posible, evitar el uso de medios no creados para soportar el peso de una persona.

- Utilizar siempre escaleras cuyo estado sea el óptimo.

- Comprobar que la estabilidad de la escalera sea la adecuada.

- No utilizar las escaleras cuando nuestro estado de salud no sea el idóneo, ya que, ante mareos o pérdida de equilibrio, los riesgos aumentan.

Actividad práctica

Si tuvieras que guardar los siguientes productos en dos bolsas para su transporte hasta el domicilio donde trabajas, ¿cómo los repartirías?

1 kg de carne

1 kg patatas congeladas

1 l de leche fresca

250 g de queso rallado

500 g de macarrones

1,5 l de agua embotellada

1 kg de arroz

1 lata de refresco de 330 cl

Ten en cuenta que los productos deben separarse según la necesidad o no de frío y el equilibrio necesario para el transporte de cargas.

2.3. Almacenamiento y conservación de alimentos que requieren manipulación

La conservación de alimentos ha sido durante toda la historia de la humanidad una gran preocupación. Los medios más utilizados por nuestros antecesores han sido la deshidratación, la salazón, el ahumado, el uso de aceite, etc. En la actualidad, la conservación de los alimentos persigue un doble objetivo:

- Preservar la calidad sanitaria de los productos.

- Preservar el valor nutricional y las cualidades organolépticas de los alimentos.

Existe una serie de factores que influyen en el deterioro de los alimentos y son los siguientes:

- **Cambios bioquímicos de los productos.** Debido a que la mayoría de los alimentos están compuestos por productos químicos, aunque la materia prima sea de origen biológico, es inevitable que se produzcan estos cambios. Uno de los más usuales es la oxidación que se da, por ejemplo, en la carne fresca y cuyo efecto es el cambio de color.

- **Acciones físicas del entorno.** La presencia de agua en los alimentos. Los alimentos cuyo componente principal es el agua, son lugares ideales para el crecimiento de bacterias que dará lugar a intoxicaciones y deterioro del alimento. Un claro ejemplo de ello son los mohos que aparecen en distintos alimentos.

- **Acción de la luz.** Algunos cambios finales de los alimentos se aceleran por el efecto de la luz. Un ejemplo de ellos en la fotoxidación de las vitaminas, en este caso la C, que es provocado por la intensidad de la luz.

- **Acción de la temperatura.** Es el factor que más influye en el deterioro de los alimentos, de ahí la necesidad de utilizar el refrigerado y congelado de los productos para mantenerlos durante más tiempo, evitando así el deterioro de los mismos.

Desde que los alimentos se obtienen hasta que llegan a los hogares, son muchas las fases por las que pasan. Es muy importante que los procesos que se utilizan en la preservación de los alimentos en todas las fases eviten el deterioro de los productos, ya que los efectos pueden ser fatales para la salud de las personas. Por todo ello, las personas que manipulan alimentos están obligadas, a través de las autoridades públicas, a disponer de un carné que los capacite para esta manipulación.

Se puede seguir una serie de recomendaciones para evitar que se adquieran productos de calidad dudosa. Son las siguientes:

- Comprar los alimentos en establecimientos que nos aporten garantías de una manipulación adecuada de los alimentos.

- Cuando se adquieran productos manipulados, llevarlos lo antes posible al domicilio y preservarlos según requieran.

- No se volverán a congelar productos que hayan sido descongelados.

- No se puede congelar el pescado ni la carne si no son frescos.

SABÍAS QUE…

La sal ha sido durante la historia el conservante estrella. Los vikingos y los marineros medievales conservaban carne y pescado cubriéndolos con sal. Esto evitaba la proliferación de bacterias y permitía llevar comida en largos viajes sin que se estropeara.

2.3.1. Procesos de refrigeración

Los procesos de refrigeración se utilizan en los alimentos con el fin de retrasar la descomposición de los mismos. Este sistema de conservación se lleva a cabo a temperaturas a las que las bacterias que provocan la descomposición no pueden reproducirse. Los agentes bacterianos se reproducen y se activan a temperaturas superiores a 6 ºC, por lo que la refrigeración se hará a una temperatura menor.

Los productos que suelen utilizar la refrigeración son, en su mayoría, los que conocemos como productos perecederos, es decir, los que tienen una fecha de caducidad corta. Algunos son los siguientes que se relacionan:

- Carnes

- Pescados

- Productos lácteos

- Frutas y verduras

- Comidas elaboradas

- Productos que lleven huevo crudo

- Etcétera

Los lugares donde se producen estos alimentos están provistos de cámaras frigoríficas, ya que cuanto menos tiempo transcurra hasta que se refrigeren, más éxito tendrá su conservación.

Posteriormente, estos productos serán transportados en vehículos frigoríficos que aseguran que la temperatura no va a ser más elevada que la indicada, por lo que también durante el transporte se garantizan la calidad sanitaria y el mantenimiento de las condiciones organolépticas.

Una vez que el alimento llega a nuestro hogar, la temperatura de nuestra nevera debe estar entre los 2 y los 5 grados. Se conservarán separados unos de otros a través de films, envases de alimentos, etc., ya que es fácil que se mezclen los olores de los alimentos.

2.3.2. Procesos de congelación

El proceso de congelación es un medio de conservación de alimentos a más largo plazo. Las bajas temperaturas en los alimentos no permiten que las bacterias se reproduzcan, paralizando su actividad e impidiendo así la contaminación.

Es un medio de conservación que, aunque es muy útil, tiene sus exigencias en cuanto al mantenimiento de la temperatura. El sistema formado por todos los pasos necesarios para mantener la temperatura en los productos congelados y refrigerados se llama cadena de frío. Habremos oído hablar de mantener la cadena de frío estable o de «no romper la cadena de frío», y eso consiste en que no se altere la temperatura de los productos congelados. Si esto llegara a ocurrir, es decir, si se llegaran a descongelar, deberán consumirse cuanto antes porque no podrían volver a congelarse.

La cadena de frío debe mantenerse desde el momento de la fabricación o envasado hasta que llega al domicilio del consumidor, pasando por el almacenaje y transporte.

Es bueno que los alimentos se congelen en pequeñas cantidades, ya que, si se descongelan, no se podrán volver a congelar. Además es bueno introducirlos en bolsas independientes o envases para evitar la mezcla de olores. Asimismo también es bueno apuntar qué alimentos contienen esas bolsas o envases, ya que, una vez congelados, los productos pueden cambiar de aspecto y llevarnos a confusión.

El congelador deberá estar en una temperatura entre -18 ºC y -24 ºC. Los alimentos que hayan sido cocinados, deberán estar fríos para poder ser introducidos en el congelador.

EN ESTE CAPÍTULO HEMOS APRENDIDO A:

- Conservar los alimentos según sean alimentos perecederos o no perecederos.

- Almacenar los productos en función de que sean productos de limpieza o enseres o productos de alimentación.

- Mantener el orden tanto en la nevera como en la despensa y en el armario de la limpieza.

- Evitar los riesgos inherentes en los trabajos en altura y en la manipulación de cargas.

- Manipular los alimentos correctamente para evitar que se pierda su calidad sanitaria y sus cualidades organolépticas.

- Que las bacterias son muy activas a partir de los 6 ºC, por eso se utilizan la refrigeración y congelación para mantener los alimentos más tiempo.

EJERCICIOS DE REPASO Y AUTOEVALUACIÓN

2.1. ¿Qué diferencia hay entre productos perecederos y no perecederos?

2.2. ¿Qué tipo de información aparece en las etiquetas de los productos congelados con respecto a su conservación?

2.3. Selecciona la frase incorrecta:

Para el almacenamiento de productos, enseres y alimentos, los criterios que se deben utilizar son los siguientes:

a) Criterio de higiene.

b) Criterio de frecuencia de uso.

c) Criterio estético.

d) Criterios de conservación.

2.4. ¿Cuál es la clasificación de los productos según los criterios de conservación?

2.5. La conservación de los alimentos se hace a través de dos procesos que son el de _____ y el de _____ . En el primer proceso, los alimentos se mantienen a una temperatura inferior a _____ mientras que en el segundo, la temperatura se mantendrá inferior a _____ .

2.6. Los productos que suelen utilizar la refrigeración son:

2.7. ¿Qué significa la frase «no romper la cadena de frío»?

2.8. Enumera los efectos de realizar una manipulación de cargas inadecuada.

2.9. Qué se puede hacer para evitar los riesgos de trabajo en alturas.

2.10. Completa la frase:

Los productos tóxicos de limpieza se almacenarán en las baldas superiores de los lugares habilitados para ello, para _____ .

3. Elaboración y conservación de alimentos cocinados

Contenido

Objetivos

En este capítulo vamos a parender a:

- Conocer las técnicas de cocina más usuales para la elaboración de alimentos.

- Conocer las actividades que hay que realizar previamente al cocinado de alimentos.

- Identificar los útiles de cocina que se necesitan para la elaboración de platos.

- Elaborar un menú valorando las necesidades de las personas que lo vayan a consumir.

- Presentar un plato de forma que sea atractivo.

- Mantener las condiciones higiénicas sanitarias necesarias en la cocina.

3.1. Técnicas de cocina doméstica

En la actualidad, estamos asistiendo a la toma de conciencia, por parte de la población, de la necesidad de tener una alimentación adecuada. Los principios para ello son muy simples y se basan en el consumo de una gran variedad de alimentos que se complementen entre sí.

Una buena alimentación puede protegernos de distintas enfermedades, por ejemplo, cardiacas, y puede suponer un factor de protección contra algunos tipos de cánceres.

Un gran porcentaje de población del mundo desarrollado no mantiene una alimentación sana, por lo que hay un gran número de personas que padecen sobrepeso y obesidad. Los efectos son muy nocivos para la salud y una de las causas de la pérdida de calidad de vida de las personas.

Las personas que realizan los menús en los domicilios tienen una gran responsabilidad, ya que de ellas depende en gran parte la salud de los que se alimentan de sus comidas.

3.1.1. Técnicas de elaboración: asar, cocer, freír, pelar, picar, otras

En este apartado vamos a ofrecer las técnicas básicas para elaborar platos. Para que se puedan ingerir no solo se necesita que los alimentos estén cocinados, sino que sean agradables al paladar de las personas. Para conseguir este objetivo existen varias técnicas:

- **El asado**

  El asado consiste en cocinar los alimentos a través de la acción que ejerce el fuego o el calor sobre estos. Ha sido la forma en la que nuestros ancestros se iniciaron en el cocinado de la carne. Se usa sobre todo con la carne y se consigue así que quede tierna y masticable.

  Para realizar un asado se pueden utilizar parrilla, brasa, plancha u horno.

  El tiempo que se necesita para realizar un asado dependerá del medio que se use, de la temperatura y del tamaño y grosor de la pieza que se quiera asar.

Si se quiere que la pieza quede dorada por el exterior y menos hecha por dentro, se utilizará una temperatura mayor o un fuego más vivo. Por el contrario, si lo que se quiere es que el interior de la pieza quede más cocinado aunque por fuera no está tan dorado, se utilizará menor temperatura, pero más tiempo.

- **La fritura**

Consiste en introducir un alimento en aceite caliente. En muchos casos el alimento se recubre de harina o de huevo y pan rallado y posteriormente se introduce en una olla destinada para tal fin. La harina que más se utiliza es la de trigo, que es la más comercializada, aunque en la actualidad existen otras variedades como, por ejemplo, la de garbanzo. Es importante que se use el aceite muy caliente si queremos que el resultado sea bueno, pero que no se llegue a quemar. El aceite que se debe utilizar puede ser de oliva o girasol. El primero tiene una mayor duración aunque el precio es más elevado, mientras que el de girasol es más económico, pero se debe sustituir por un aceite nuevo en menos tiempo.

Hay que tener en cuenta también que el aceite es una grasa que absorbe los olores, por lo que no es recomendable que se utilice el mismo aceite para freír carne y pescado.

Una vez que se saca el alimento del aceite, se debe dejar que escurra el aceite sobrante.

Es una técnica que hace los alimentos muy sabrosos, y es muy buen medio para conseguir que los más pequeños coman alimentos que no sean de su agrado, por ejemplo, pescado, pero hay que tener en cuenta que los alimentos fritos aportan una gran cantidad de calorías a los platos.

En la actualidad, se están utilizando mucho las freidoras de aire. Se trata de un electrodoméstico compacto diseñado para cocinar alimentos mediante la circulación de aire caliente a gran velocidad. El resultado es una comida con una textura y sabor comparables a la fritura convencional, pero con un contenido mucho menor de grasa y sin sumergirla en aceite.

- **El cocido**

El cocido se realiza con agua hirviendo o vapor y ofrece gran cantidad de posibilidades en la elaboración de recetas. Se pueden mezclar diferentes alimentos como, por ejemplo, carne con verduras a la que se le puede añadir distintos condimentos como aceite o especias. Esta diversidad de alimentos ayuda a llevar una dieta variada, que es uno de los principios de una dieta saludable.

Para que el agua que se va a utilizar hierva, debe llegar a su punto de ebullición que se encuentra en los 100 ºC. La cocción tiene muchas ventajas, ya que los gérmenes que puedan llegar a vivir en los alimentos mueren a esta temperatura. Por otra parte, los tejidos de los alimentos se rompen y se ablandan haciéndolos más masticables.

El tiempo de cocción va a depender del alimento, del recipiente que se utilice y del modo en el que se cueza. A continuación, ofrecemos distintas técnicas de cocción:

— **La cocción tradicional**

Consiste en la introducción de los alimentos en agua hirviendo. Esta técnica permite transformar los alimentos duros en blandos y que sean más agradables de comer. Esto se consigue por efecto del calor que rompe los tejidos de los alimentos.

Es una técnica de cocina muy utilizada cuando se quiere elaborar recetas hipocalóricas.

Se pueden utilizar distintos tipos de olla en función de la cantidad y tamaño de los alimentos que se van a cocer, aunque los alimentos se cocinarán mejor cuanta más agua haya en el recipiente.

— **La cocción a presión**

La principal ventaja de este tipo de cocción sobre la anterior estriba en la rapidez. La cocción a presión permite cocinar los alimentos en poco tiempo, ya que se utiliza una olla, llamada olla a presión, que tiene una tapadera especial que cierra herméticamente y que mantiene la temperatura interior sin permitir que se escape.

Debido a sus cualidades, esta técnica se utiliza en la cocción de legumbres, ya que son alimentos que tardan mucho en ablandarse.

— **La cocción al vapor**

En este tipo de cocción los alimentos no se introducen en el agua, sino que es el propio vapor del agua hirviendo el que los cocina. La ventaja es que los alimentos mantienen sus propiedades nutritivas y se evita la mezcla de sabores.

Es necesaria una olla donde, en la parte de abajo esté el agua y en la parte superior, sobre una rejilla, estén los alimentos sin contacto con el agua. Por encima habrá una tapadera que cubra todo el conjunto.

• **El pelado**

Cuando nos planteamos cocinar alimentos, hay algunos cuya monda debe ser eliminada, sobre todo en caso de verduras. En ocasiones es el pescado el que debe ser despojado de su piel para poder ser cocinado y en otras es la piel de la carne de pollo, por ejemplo, la que debe ser eliminada.

En el caso de las verduras, se puede utilizar un pelador o un cuchillo. Los peladores están más recomendados, ya que eliminan solo la piel evitando quitar parte de la verdura que se puede utilizar. Algunas verduras que deben ser peladas son los calabacines, las patatas, los pepinos, etc., aunque no a todas las personas les gusta pelarlos, ya que la piel suele contener gran cantidad de fibra, muy recomendable para la salud.

La verdura se debe pelar en el momento del consumo, ya que la piel protege la pieza. En el caso contrario, las verduras se pueden oxidar y variar su aspecto.

- **El picado**

Llamamos picado a la acción de cortar en pequeños trozos las piezas de verduras. Estos trozos serán más o menos grandes en función del método de cocinado que vayamos a utilizar. Por ejemplo, si vamos a freír una berenjena, el picado no puede ser muy pequeño, ya que se desharía por la acción del calor del aceite. Si por el contrario vamos a hacer un picadillo de verduras, el tamaño del picado deberá ser muy pequeño.

Si quieres saber más técnicas de picado, escanea este QR.

- **Otras**

Dentro del apartado de otras técnicas de elaboración de alimentos, tenemos una amplia gama que explicamos a continuación:

— El salteado: es parecido al frito, pero con una cantidad de aceite menor. Es propicio para añadir vino, especias, agua, etc., para crear distintos sabores.

Hay muchos alimentos que pueden ser salteados como, por ejemplo, las carnes, pescados, verduras, mariscos, etcétera.

Los resultados son muy buenos en alimentos que no sean demasiado duros y es más recomendable que el frito, ya que, al utilizarse menos aceite, el aporte calórico es menor.

— Cocinado al baño maría: cocinar a baño maría es una técnica tradicional muy utilizada en la cocina. Consiste en cocinar un alimento dentro de una cacerola que a su vez está dentro de otra donde hay agua.

De esta forma los alimentos se cocinan por la acción del agua caliente y no por el calor directo. Algunos consejos para que el cocinar a través de esta técnica sea un éxito son: no poner una cantidad muy elevada de agua; poner el agua del recipiente ya caliente, así tardará menos en adquirir temperatura.

— Macerado: la acción de macerar consiste en dejar un alimento crudo inmerso en un líquido que normalmente es un aliño elaborado con la receta que más guste. El objetivo es que la pieza adquiera todo el sabor del aliño y al mismo tiempo se ablande para que pueda ser cocinada posteriormente. En ocasiones, los alimentos se pueden ingerir sin ser cocinados.

— Horneado: para cocinar a través de la técnica del horneado, es necesario utilizar un horno. El horneado está muy indicado en la elaboración de piezas grandes de carne y pescado y además no es necesario el uso de una cantidad de aceite excesiva, por lo que no son muy calóricas. También se pueden elaborar *pizzas*, patatas asadas y postres.

3.1.2. Secuenciación de actividades

El orden que se va a determinar en la elaboración de una comida dependerá de la receta que se quiera preparar. Habrá que tener en cuenta los ingredientes y el estado de los mismos. No será igual, por ejemplo, si se quiere preparar una receta en la que se necesite carne picada y la carne ya esté en este estado o si hay que picarla.

Por lo general y para ahorrar tiempo, siempre que se necesite cocer u hornear el plato, que se quiere cocinar, se irá precalentando el horno o poniendo el agua a calentar y mientras se llevará a cabo la preparación de los ingredientes: pelado, picado, etc. Hay que tener cuidado con la freidora o la sartén ya que, si se pone a calentar aceite y nos entretenemos más en la preparación de los ingredientes, el aceite se puede quemar, llegando incluso a suponer un riesgo de incendio.

Como regla general, la secuencia sería la siguiente:

Precalentar horno. Poner agua a calentar. > Preparar ingredientes (pelado, picado, etc.). > Poner ingredientes en la olla u horno. > Controlar los tiempos de cocinado. > Retirar los alimentos cocinados.

3.1.3. Tiempos estimados

Los tiempos previstos para el cocinado de las distintas recetas son difíciles de establecer, ya que dependerán de distintas variables:

- El tipo de alimento. No tarda lo mismo en cocinarse la carne, el pescado y la verdura.

- El tamaño de la pieza que se quiere cocinar. Un muslo de pollo completo tardará mucho más en cocinarse que un filete fino.

- La técnica que se utilice. Plancheado, horneado, cocción, etc., tienen distintos tiempos.

- El recipiente que se utilice: ollas, cazuelas de barro, sartén, etcétera.

- El electrodoméstico que se use también va a influir en el tiempo de cocinado: horno, microondas, vitrocerámica o incluso si la cocina es de gas, va a variar los tiempos.

Aplicar la temperatura idónea es muy importante en la elaboración de platos, ya que de ello va a depender el resultado. Aunque los ingredientes que se utilicen sean de muy alta calidad y las técnicas aplicadas sean las más adecuadas, si al final se cocina en exceso y se quema o, por el contrario, se cocina poco tiempo y se queda cruda, el resultado será negativo.

Los efectos derivados de aplicar tiempos equivocados en el cocinado de los platos son los siguientes:

- Alimento crudo. Se ha aplicado poco tiempo de cocinado y puede que haya riesgo de intoxicación por bacterias.

- Alimento duro. Se ha cocido poco tiempo y la textura del alimento no es la adecuada.

- Alimento muy hecho. Se ha cocinado en exceso y queda reseco o incluso quemado.

En las siguientes tablas se detallan los tiempos de cocinado de distintos alimentos. Hay que tener en cuenta que son tiempos orientativos, ya que dependen de las variables anteriormente descritas:

COCINADO DE VERDURAS Y LEGUMBRES (tiempo expresado en minutos)			
VERDURA/LEGUMBRE	HORNO	SARTÉN	COCCIÓN
ALCACHOFA			25
CALABACÍN	35	15	25

COCINADO DE VERDURAS Y LEGUMBRES (tiempo expresado en minutos)			
VERDURA/LEGUMBRE	HORNO	SARTÉN	COCCIÓN
GUISANTE	20	10	20
ZANAHORIA	35	35	25
TOMATE	20	10	10
PUERRO	20	15	20
PATATA	35		20
JUDÍA VERDE			15
COL			30
ESPINACAS			10
CHAMPIÑONES		10	15
ESPÁRRAGO			20
CEBOLLA	20	10	20
ALUBIA			90
LENTEJAS			50

Para igualar los tiempos de cocción cuando queremos cocinar distintas verduras, podemos adecuar el corte de forma que, las verduras que se cocinen antes, queden en trozos más grandes y, las que se cocinen más lento, queden en trozos más pequeños. De esta forma adelantaremos o retrasaremos el cocinado.

COCINADO DE CARNES (tiempo expresado en minutos. Grosor de la carne normal)			
CARNE	HORNO	PLANCHA	COCCIÓN
CERDO	60	10	90
CONEJO	60	25	60
CORDERO	60	15	60
POLLO	75	15	60
TERNERA	45	10	60

COCINADO DE PESCADOS (tiempo expresado en minutos. Grosor del pescado normal)			
PESCADO	HORNO	SARTÉN	COCCIÓN
ATÚN	10	8	5
BACALAO	10	8	5
BESUGO	10	8	
LENGUADO	8	6	5
LUBINA	10	8	6
MERLUZA	10	9	5
MERO	7	8	10
RAPE	8	8	10
SALMÓN	12	7	9
SARDINA	10		
TRUCHA	10	8	9

COCINADO DE MARISCOS (tiempo expresado en minutos para piezas de tamaño normal)			
MARISCO	HORNO	SARTÉN	COCCIÓN
ALMEJA	3		4
BOGAVANTE (500 g)	15		8
CENTOLLO	25		20
CIGALA	6		4
GAMBA	4	3	2
LANGOSTA (500 g)	15		8
LANGOSTINO	8	4	3
PERCEBE			1
PULPO	20		12

Los tiempos de cocción de las tablas anteriores están referidos al uso de olla ordinaria. Si es posible utilizar la olla rápida, los tiempos se acortan muchísimo, produciendo un menor gasto de energía en el cocinado.

3.1.4. Criterios de ejecución y valoración de las diferentes técnicas

Decidir cuáles son los criterios de ejecución de las diferentes técnicas va a depender del resultado final que queramos conseguir. Por ejemplo, si lo que queremos es cocinar unos champiñones rehogados, habrá que elegir la sartén para ello y no la cocción. Por lo tanto, los criterios de ejecución vendrán determinados por el plato final que queramos cocinar.

Por otra parte, debemos prestar atención a los criterios de valoración. Es muy importante valorar constantemente las técnicas que estamos aplicando, ya que de ello dependerá el resultado final. Planteamos tres momentos principales de valoración de las técnicas utilizadas:

- Valoración previa: en esta fase se comprobará que la calidad de los alimentos que se van a utilizar en la elaboración de la receta es la adecuada. Es posible que, por llevar mucho tiempo en la nevera, haya perdido calidad, en cuyo caso desecharemos el alimento.

- Valoración durante la elaboración: durante la elaboración del plato en cuestión estaremos constantemente comprobando la buena marcha del cocinado. En ocasiones dejamos cocinándose la comida mientras que hacemos otras tareas. Aunque esto nos puede hacer ser más eficaces, suele restar calidad al resultado final de los platos.

  Es importante comprobar si los alimentos están suficientemente cocinados o, por el contrario, si aún están crudos, así como el salpimentado y especiado de los platos. De esta forma conseguiremos rectificar los posibles errores que se hayan cometido.

- Valoración final: es recomendable llevar a cabo una prueba del resultado obtenido. De esta forma sabremos si las técnicas utilizadas han dado el resultado esperado y podremos volver a utilizar las mismas para sucesivas recetas similares.

3.2. Actuaciones previas al cocinado

Antes de comenzar a cocinar, hay que tener en cuenta varias cosas. En principio es importante saber exactamente qué plato se quiere cocinar. Una vez que esto se tiene claro, habrá que comprobar que disponemos de todos los ingredientes necesarios. En el caso de que faltara alguno, se puede optar por ajustar el menú a los alimentos que tenemos en casa, modificar el plato obviando el ingrediente que nos falta (si consideramos que no es muy importante) o bien, realizar alguna compra. Esta decisión irá en función del tiempo del que dispongamos, de la planificación que tengamos sobre los días de realización de las compras, etcétera.

Una vez que hemos tomado estas decisiones, se debe comprobar la calidad de los productos que se van a utilizar. Es posible que alguno de ellos no esté en buen estado por lo que lo desecharemos inmediatamente.

A continuación valoraremos el estado de la cocina. Debe estar limpia y despejada para que se puedan llevar a cabo las labores de cocinado de la manera más cómoda e higiénica posible. Los útiles que necesitemos deben estar a mano para facilitar nuestra labor.

3.2.1. Procedimientos previos al cocinado: descongelado, lavado, cortado, pelado, remojo, otros

Como podemos comprobar, la elaboración de un plato tiene varias fases. Todas ellas son importantes, ya que van a determinar el resultado final del mismo. En este apartado vamos a prestar atención a la fase previa al cocinado de la receta. Vamos a contemplar distintas actuaciones con relación a los ingredientes que vamos a utilizar: descongelado, lavado, cortado, pelado, remojo, etcétera.

- **El descongelado**

  En ocasiones algunos de los ingredientes que vamos a utilizar para la elaboración de la receta están congelados. Así que se hace necesaria la descongelación del mismo. Este proceso debe hacerse de forma adecuada, ya que de lo contrario las bacterias contenidas en los alimentos pueden comenzar a multiplicarse y suponer un riesgo para la salud de las personas que los ingieran.

  A continuación, se explican varias formas de descongelar los alimentos, aunque se debe tener en cuenta que en el caso de que no haya tiempo suficiente, se puede cocinar congelado, revisando que realmente está cocinado por el interior, ya que puede pasar que por fuera tenga la apariencia de estar bien y por dentro no se haya cocinado.

  — **Descongelado en la nevera:** el alimento se sacará del congelador y se introducirá en la nevera. Es uno de los métodos más lentos por lo que exige planificación. Puede tardar unas 24 horas, aunque este tiempo es aproximado, ya que a tamaños más grandes el tiempo puede aumentar. Es recomendable utilizar un plato que recoja el agua que se genera en la descongelación.

    En el momento que se haya descongelado, se debe consumir inmediatamente para evitar el crecimiento de bacterias. Está especialmente indicado en el caso del pescado. En ningún caso podrá volver a congelarse.

— **Descongelado en agua fría:** es un proceso más rápido que el anterior. El alimento se sumerge en agua fría, bien cerrado o envuelto, evitando así que haya contacto directo con el agua. El agua se cambiará cada cierto tiempo, ya que si se enfría demasiado, por el efecto del alimento congelado, tardará mucho más en realizar el proceso que deseamos.

El tiempo estimado de descongelación puede rondar una o dos horas en función del tamaño de la pieza.

— **Descongelado en microondas:** es la opción más rápida aunque también se deben tomar sus precauciones. Se introduce el alimento en el microondas y se selecciona el modo descongelación del panel del control. Se elige el tiempo que el fabricante recomiende. Este tiempo va en función del peso del producto. Deberá girarse el alimento varias veces para que quede descongelado por todas las partes por igual y evitar así que se cocinen las puntas y quede congelado en el interior.

Una vez realizado este proceso, el alimento se debe consumir inmediatamente.

Lo que no se debe hacer:

Descongelar los alimentos a temperatura ambiente o en agua caliente, ya que el riesgo de crecimiento de las bacterias aumenta considerablemente a temperaturas entre los 4 ºC y 60 ºC.

Volver a congelar los alimentos una vez descongelados. Para ello se deberán cocinar durante un mínimo de 2 minutos a temperatura superior a 70 ºC.

Permitir el contacto entre alimentos descongelados y otros que ya estén cocinados.

• **El lavado**

El lavado de los alimentos es muy importante, más aún si se van a consumir crudos como es el caso de las frutas y verduras. Estos alimentos pueden estar contaminados desde distintos orígenes, como son el uso de pesticidas o la utilización de abonos que pueden contener materia fecal. Por ello es fundamental aplicar estrictas medidas de higiene. El lavado debe hacerse justo antes del consumo.

Aunque el lavado de los alimentos es muy importante, también lo es mantener la higiene de los utensilios que vamos a utilizar, las superficies donde los vamos a depositar, así como nuestras propias manos.

Las frutas y verduras se lavarán bajo el chorro de agua, enteras y con piel, frotando la superficie de las mismas bajo el agua. Se hará siempre antes de pelarlas para evitar que, al usar el cuchillo, las bacterias del exterior entren en contacto con el interior.

En el caso de las patatas, zanahorias o tubérculos que tengan restos de tierra, se deberán dejar en remojo un mínimo de 20 minutos para que con posterioridad se puedan frotas y se desprendan fácilmente.

En el caso de verduras, como, por ejemplo, la lechuga, hay que extremar el lavado, ya que en ocasiones entre las hojas esconde restos de barro.

SABÍAS QUE...

Uno de los efectos que puede causar la falta de lavado en las frutas y verduras es la transmisión de la bacteria *Escherichia coli* (*E. coli*). Esta bacteria vive en los intestinos de los animales y las personas, por lo que los vegetales abonados con materia fecal son más susceptibles de estar infectados con esta bacteria. Aunque los efectos de estar infectado con *E. coli* suelen ser inofensivos, en ocasiones puede originar graves enfermedades.

Una de las medidas para prevenir la infección es lavar muy bien las verduras que se vayan a consumir crudas.

- **El cortado**

Cuando hablamos de cortado debemos distinguir entre cortes de verdura o de carne.

Si nos referimos a la carne de cerdo o ternera, podemos distinguir de manera general los siguientes cortes: pierna, cadera, solomillo, falda, lomo y costillar.

En relación con el pollo, los cortes serían los siguientes: pescuezo, muslos, alas, pechuga, espinazo y patas.

Con respecto a la verdura, son muchas las distintas formas de proceder al cortado. Se elegirá el más adecuado en función del plato que se quiera cocinar. Los más usuales son los siguientes:

— Bastón: es un corte rectangular de unos 6-7 cm de largo por 1 cm de ancho. Se suele utilizar para las patatas fritas o para las berenjenas. Se cortan primero en rebanadas y luego se cortan los bastones intentando que queden todos al mismo tamaño, ya que de lo contrario se cocinarán unos antes que otros.

— *Brunoise:* es un corte en forma de cuadrado de unos 0,5 cm de grosor. En un principio se deben cortar a rebanadas para posteriormente hacer los cuadrados del mismo tamaño. Se suelen utilizar para cortar las patatas para hacer la tortilla. También se usa en los salteados.

— Cascos o gajos: es un corte que divide la verdura en cuatro o más trozos con forma de gajo. Tiene muchas utilidades, como, por ejemplo, para los tomates en ensalada, los huevos duros para adornar, etcétera.

— Juliana: es un corte indicado en las verduras para hacer sopas. Se cortan las verduras en tiras muy finas de unos 4 cm de largo.

— Jardinera: es un corte algo menos fino que el anterior y es el más utilizado en las verduras.

— Chip: es un corte que generalmente se utiliza para las patatas. Son tajadas redondas y muy finas.

— Pluma: se utiliza en cebollas, tomates y verduras de forma similar y se realiza cortando por la mitad y después en finas capas.

- **El pelado**

Cuando hablamos de pelado nos referimos a la acción de quitar la piel de los alimentos para que puedan ser cocinados o ingeridos. Se suele realizar como paso previo al cortado. El pelado debe hacerse en el momento que el alimento va a ser consumido, en especial, en casos de verduras y frutas, ya que al quitar la piel, se suelen oxidar muy rápidamente.

- **El remojo**

El remojo se utiliza sobre todo en las legumbres como son los garbanzos, las judías, las fabes, las lentejas, etc. Es muy útil, ya que se reduce el tiempo de cocción y se mejora el resultado.

Para realizarlo, se deben dejar las legumbres en agua durante unas 10 o 12 horas para que surta efecto. Como norma general, se deben dejar en remojo la víspera del cocinado. El agua debe ser fría excepto en el caso de los garbanzos para los que está indicada el agua caliente.

3.2.2. Secuenciación de actividades

El trabajo en la cocina exige que exista el orden y que las tareas que se van a realizar estén programadas.

Como ya se ha comentado con anterioridad, es importante que los menús estén planificados, ya que así también será más fácil organizar las compras, evitando así que los productos que hemos adquirido se estropeen.

En un principio, se plantean los siguientes pasos a la hora de comenzar a elaborar el menú diario:

- Preparar los útiles que se van a utilizar. Si se va a necesitar el horno, se podrá poner a precalentar para ahorrar tiempo. Se sacarán igualmente las ollas o sartenes que necesitemos.

- Preparar los ingredientes que vamos a necesitar, sacándolos de la nevera o despensa y dejándolos a mano. Habrá que tener en cuenta si alguno de los ingredientes está congelado o necesita ponerse en remojo, para llevar a cabo esta acción el día anterior.

- Lavar los ingredientes que se van a utilizar.

- Pelar los ingredientes que sean necesarios.

- Cortar los ingredientes que sean necesarios, teniendo en cuenta la receta para elegir convenientemente el tipo de corte.

- Se comienza el cocinado, teniendo en cuenta que hay que empezar por el plato cuya elaboración sea más larga, es decir, comenzaremos por las recetas que tarden más en cocinarse para continuar por las que sean de más corta elaboración.

3.3. Proceso de conservación de alimentos cocinados

En muchas ocasiones, los alimentos son cocinados para ser consumidos en el mismo momento, pero, en otras, se cocinan con anterioridad para dejarlos preparados para su consumo posterior. Nos podemos encontrar en este caso si el empleador manifiesta su interés en que se deje preparada no solo la comida del almuerzo, sino también la cena. Otros casos pueden ser que se solicite la preparación de los menús de los fines de semana o de los días en los que el personal de empleo doméstico no trabaje.

Principalmente habrá que tener en cuenta que no todos los alimentos pueden dejarse preparados con anterioridad. Es el ejemplo de los alimentos fritos. Perderán propiedades si no se cocinan en el momento.

Otros platos pueden ser cocinados y consumidos algún día después. Es el caso de las legumbres, los guisos, etc. En estos casos lo más importante es que la conservación sea la adecuada para evitar que se pongan en mal estado, constituyendo así un riesgo para la salud.

3.3.1. Técnicas de conservación: refrigeración, congelación

Las dos técnicas más utilizadas para evitar que los alimentos lleguen a estar en mal estado y para que no sea un riesgo su consumo son la refrigeración y la congelación. A temperatura ambiente, las bacterias se multiplican a velocidad muy rápida, a temperatura de refrigeración, esta multiplicación se retrasa, y con la congelación, la proliferación de bacterias se frena.

Ambas coinciden en el mantenimiento del alimento a baja temperatura para evitar la proliferación de bacterias en los platos preparados. Cuando los alimentos no están preparados, es más fácil detectar el mal estado, sin embargo, en los cocinados es algo más difícil, ya que las especias que se utilizan en la cocina pueden enmascarar malos olores.

El refrigerado: consiste en el mantenimiento de los alimentos en la nevera a una temperatura entre 0 ºC y 4 ºC. A estas temperaturas las bacterias proliferan a una velocidad muy baja. El alimento preparado debe estar frío. Hay que extremar las precauciones mientras que el alimento se está enfriando y no dejar que permanezca más tiempo del necesario fuera de la nevera. Una vez frío, se debe guardar en un recipiente alimenticio de plástico o de vidrio, o cubierto con un papel film.

Es recomendable que se consuman en las próximas 24 horas, aunque si son pastas o arroz pueden mantenerse en buen estado hasta 5 días. Los platos de carne, pescado o huevo no deben sobrepasar los 2 días.

Es importante que no se mezclen los platos preparados con los frescos para evitar la contaminación cruzada.

El congelado: igualmente se deben dejar enfriar antes de congelarlos. Es muy importante que el tiempo que esté fuera del congelador sea solo el necesario, ya que no es recomendable congelar un alimento que puede estar infectado con alguna bacteria.

Se utilizarán envases alimentarios especiales para congelador, ya que todos los recipientes no están indicados para aguantar temperaturas tan bajas. Hay que tener en cuenta que los congeladores suelen estar a una temperatura aproximada de $-18\,^{\circ}C$.

Una vez que se descongelen los alimentos, no podrán volver a congelarse. Deberán consumirse en el menor tiempo posible, ya que, una vez que se descongelen, las bacterias comenzarán a reproducirse.

3.3.2. Secuenciación de actividades

Para una correcta conservación de los platos preparados, se proponen los siguientes pasos:

- En primer lugar es necesario comprobar el espacio disponible en la nevera o el congelador. Si no hay espacio, ya sabremos que no podremos conservar los alimentos.

- Se elabora el plato elegido.

- Si el plato es caliente, se deja enfriar para proceder a introducirlo en la nevera o congelador y si es frío, se introduce directamente.

- Se reparte en raciones y se mete en envases alimenticios o se introduce en un papel film.

- Se debe prestar mucha atención para que el plato no esté más tiempo del necesario fuera de la nevera o congelador.

3.3.3. Riesgos para la salud derivados de una incorrecta conservación

Una incorrecta conservación de los alimentos elaborados puede generar la proliferación de microorganismos que como resultado pueden desencadenar enfermedades graves en los humanos. Estos microorganismos se reproducen a mucha más velocidad cuando el alimento se encuentra entre $5\,^{\circ}C$ y $65\,^{\circ}C$.

Un alimento contaminado que esté cocinado, en muchas ocasiones, no es detectable aparentemente en su aspecto, color o sabor, pero puede producir una infección a consecuencia de su ingesta. Las infecciones alimentarias más comunes son las siguientes:

1. Salmonela: su origen se encuentra en los intestinos de los animales, generalmente aves y cerdos, que acaban contaminando la carne de cerdo o pollo cruda y el huevo, entre otros.

Los síntomas suelen ser vómitos, diarrea, fiebre, calambres abdominales, dolores de cabeza, que pueden prolongarse durante dos o tres días, pudiendo llegar a ser mortal en personas cuyo sistema inmunitario sea deficitario.

La forma de evitar el contagio de salmonela es el cocinado de los alimentos a temperatura superior a los 70 ºC.

2. *Listeria monocytogenes:* esta infección es causada por la ingesta de alimentos contaminados por esta bacteria. Suelen ser alimentos crudos o poco tratados como la leche no pasteurizada, los quesos blandos, las carnes crudas o los alimentos elaborados a partir de leche sin tratar.

   Los síntomas más usuales son fiebre, dolores musculares y síntomas gastrointestinales.

   La forma de evitarlos es el tratamiento de la leche que se consume o se utiliza para la elaboración de platos.

3. *Escherichia coli:* es una bacteria que habita en los intestinos de los animales, por lo que el contagio se produce cuando entran en contacto alimentos con heces animales. En la mayoría de los casos son las verduras y frutas que se consumen crudas las que más riesgo de transmisión padecen. La leche sin pasteurizar, la carne cruda y el agua infectada son otros focos de infección.

   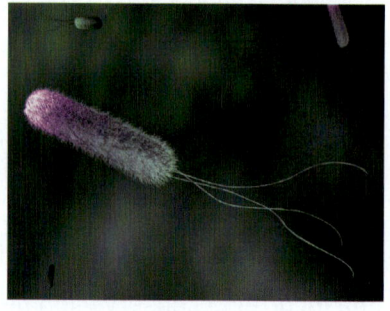

   Los síntomas son dolores de estómago, algo de fiebre, vómitos diarrea y, dependiendo del tipo de bacteria *E. coli* del que se trate, puede ocasionar incluso la muerte.

   La mejor forma de evitarla es lavando bien las frutas y verduras, cocinando la carne y evitando el resto de focos de infección.

4. *Toxoplasma gondii:* la manera más común de contraer la toxoplasmosis es la exposición a excrementos de gato, la ingesta de carnes poco cocidas, el consumo de leche de cabra o el de huevos crudos.

   Los síntomas son parecidos a los de la gripe y la infección se da solo una vez en la vida. Los problemas más graves se generan en mujeres embarazadas, ya que puede afectar a la salud del bebé suponiendo para ellos retraso mental, problemas de aprendizaje, infecciones oculares o pérdida de visión.

   La mejor forma de evitarlo es prescindir de estos alimentos de alto riesgo durante el embarazo.

5. *Clostridium botulinum:* es una intoxicación alimentaria que es causada por la ingesta de alimentos que contienen esta toxina.

   Cualquier alimento puede estar infectado de esta toxina y transmitir el botulismo.

   Los síntomas son debilidad, visión doble y dificultad para hablar, para respirar, etcétera.

Para evitar estas y otras infecciones alimentarias, es necesario hacer una buena manipulación de los alimentos siguiendo los siguientes consejos:

- Congelar o refrigerar los alimentos elaborados antes de 2 horas.
- Evitar el contacto entre alimentos elaborados y alimentos frescos, sobre todo durante su conservado y en la tabla de cortar. Esto se llama contaminación cruzada.
- Consumir la comida elaborada antes del tiempo reglamentario.
- No volver a congelar la comida una vez descongelada.
- Realizar el descongelado en frío, es decir, pasar del congelador a la nevera el día antes de su consumo.

3.4. Manipulación del menaje, utensilios y electrodomésticos

El menaje, los utensilios y los electrodomésticos con los que contemos en la cocina van a determinar, en gran medida, el resultado final de los platos que se preparen.

En relación con el menaje, se tendrá muy en cuenta la calidad del mismo, por ejemplo, en el caso de los cuchillos deben tener una hoja de acero inoxidable e irrompible, mango de larga duración y firme.

Las ollas, sartenes y cazos deben ser antiadherentes y siempre de alta calidad para evitar que los alimentos se contaminen de óxidos. Asimismo es importante que las asas no transmitan el calor, ya que así evitaremos accidentes.

Los electrodomésticos deben garantizar unos mínimos de calidad, por ejemplo, la nevera, de cuyo frío depende el mantenimiento de los alimentos que contenga.

Más allá de la calidad del menaje, es también muy importante saber hacer una buena elección de cuáles son más idóneos para realizar una u otra tarea. Por ejemplo, si lo que necesitamos es cortar un pollo en trozos, utilizaremos un cuchillo y unas tijeras para carne y nunca usaremos un cuchillo pelador.

3.4.1. Identificación y selección de menaje, utensilios y electrodomésticos según la elaboración culinaria

Como ya hemos comentado, es tan importante la calidad de los utensilios de cocina como una buena elección de los mismos en función de la receta que se quiera preparar.

Se deberán tener a mano todos los que se prevean van a ser utilizados. También es importante que se conozca el uso de los electrodomésticos de los que se dispone, así como de las aplicaciones que pueden darse.

Los utensilios más comunes en las cocinas domésticas son los siguientes:

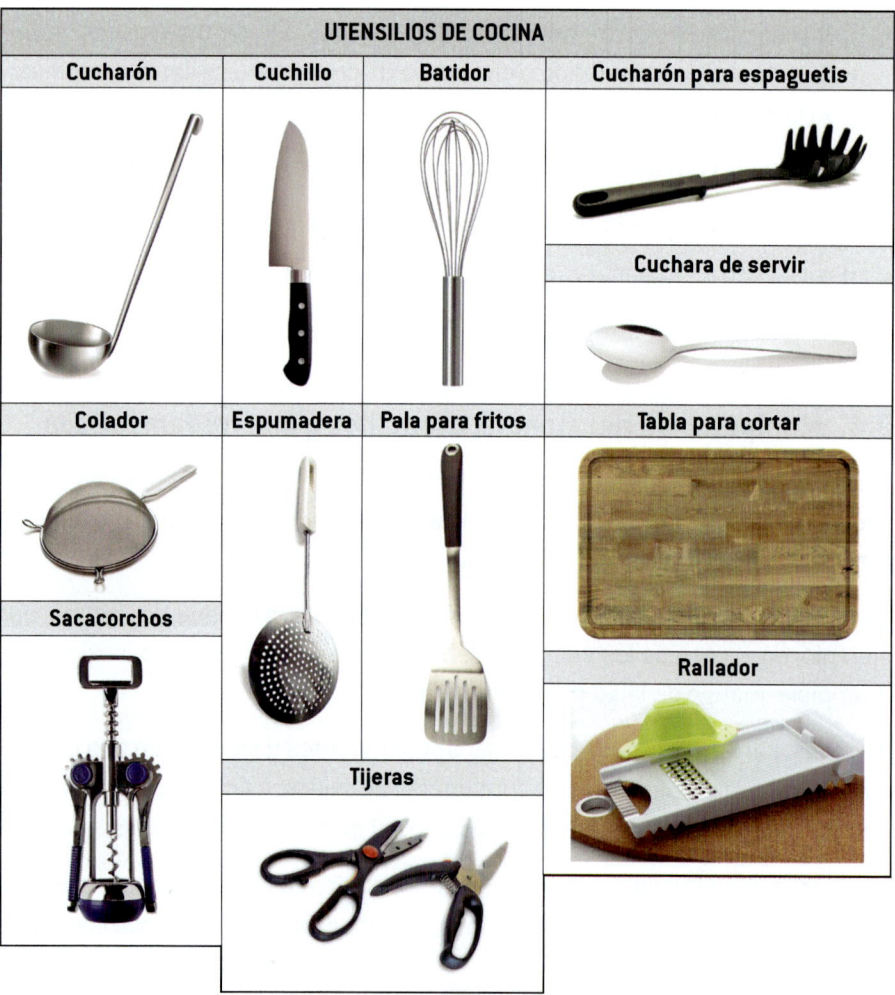

UTENSILIOS DE COCINA			
Cucharón	Cuchillo	Batidor	Cucharón para espaguetis
			Cuchara de servir
Colador	Espumadera	Pala para fritos	Tabla para cortar
Sacacorchos			Rallador
	Tijeras		

Todos ellos pueden estar elaborados en distintos materiales como, por ejemplo, plástico, madera o metal. El metal puede arañar los fondos de las sartenes y ollas por lo que si se utilizan se debe extremar las precauciones de que esto no ocurra. Por otra parte, los utensilios de madera son difíciles de limpiar, ya que se quedan incrustados los restos de comida. La higiene debe ser muy cuidadosa en estos casos. Por último, los utensilios de plásticos son fáciles de limpiar y no arañan, pero si están mucho tiempo en contacto con una olla o sartén pueden llegar a quemarse.

Los utensilios no son lo único que necesitamos para la elaboración de los alimentos. Tendremos que contar con una serie de electrodomésticos y de enseres que nos permitan el cocinado de los menús. A continuación se muestran los más comunes:

ELECTRODOMÉSTICOS	
	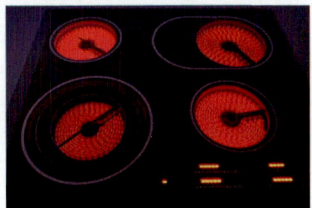
Horno: se emplea para asar lo alimentos como, por ejemplo, carnes.	Cocina: se utiliza para la elaboración de cocidos, salteados, etc. Puede ser de gas o eléctrica.
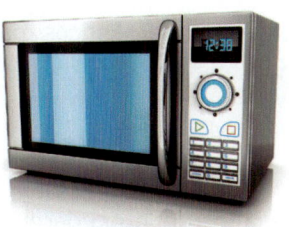	
Microondas: se utiliza para calentar los alimentos o descongelarlos. Cada vez se utiliza más para cocinar.	Batidora: se utiliza para batir los alimentos como, por ejemplo, cremas.

Como ya hemos comentado anteriormente, la calidad de los electrodomésticos influirá directamente en el resultado final de la elaboración de las comidas. Unos electrodomésticos de alta gama conseguirá que el tiempo invertido en la cocina sea menor y, por consiguiente, una mayor eficacia y eficiencia de la persona responsable de elaborar los menús.

Por último, haremos un repaso a los enseres utilizados en la cocina:

ENSERES DE COCINA		
Bandejas para horno: especiales para aguantar el calor.	Ollas: se utilizan para cocinar y hervir alimentos. Las hay también a presión.	Sartenes: para rehogar alimentos.
Asador: para cocinar carnes y pescados a la plancha.		Cazo: para calentar alimentos.

3.4.2. Uso y aplicación de menaje, utensilios y electrodomésticos según la elaboración culinaria

Una vez que conocemos los utensilios, menaje y electrodomésticos más usuales, procederemos a ponerlos en relación con los sistemas de cocinado más usados.

- **Fritura**

  Para realizar un alimento con la técnica de la fritura, procederemos de la siguiente manera:

  1. Se pone aceite a calentar en una sartén o bien se usa una freidora eléctrica.

  2. Se pone en un recipiente la harina o el pan rallado que se quiere utilizar.

  3. El alimento se puede pasar por huevo y luego por el pan rallado (en este caso se llama empanado) o bien directamente se enharinará hasta que quede cubierto.

  4. Se comprueba que el aceite está suficientemente caliente. En el caso de que se haya calentado en exceso, es mejor reducir el fuego y esperar a que se enfríe, ya que el aceite muy caliente puede salpicar y constituir riesgo de quemaduras para la persona que está cocinando.

5. Se introducen las piezas en el aceite.

6. Cuando observemos que se comienza a dorar, en función de los gustos personales, se sacan para evitar que se quemen. Para ello se utilizará una espumadera que, gracias sus agujeros, permitirá que el aceite sobrante se escurra.

7. Poner los trozos sobre papel absorbente para evitar que el alimento quede muy aceitoso.

Se utilizarán sartén o freidora eléctrica, recipiente para enharinar o pasar por pan rallado y espumadera para sacar los trozos.

- **Cocido**

El cocido es el cocinado de alimentos introduciéndolos en agua hirviendo. Las fases en función del tipo de olla que se va a utilizar son distintas. Las siguientes se refieren a cocido tradicional o cocido al vapor:

1. Poner a calentar el agua en una olla. Si se va a realizar el cocido a vapor, habrá que elegir la olla especial para ello y poner un poco de agua en el fondo y la rejilla encima sin que quede cubierta por el agua. Si se va a utilizar el cocido tradicional, se pondrá una cantidad de agua que sea suficiente para las raciones que se van a utilizar.

2. En función del alimento que se quiera cocer, se cortará a trozos, en el caso de carne o pescado, y se pelará y se picará si son verduras.

3. Se comprobará que el agua está ya hirviendo y se añadirá la sal a gusto.

4. Se introducirán los alimentos, teniendo cuidado de que el agua no salpique para evitar que pueda ocasionar quemaduras en la personas que cocinan.

5. Cuando los alimentos están cocidos, se ponen en un escurridor y se reservan hasta que sean utilizados.

Si se quiere utilizar la olla a presión, las fases serían las siguientes:

1. Cortar, pelar y picar los alimentos que se deseen.

2. Llenar la olla con agua.

3. Introducir los alimentos.

4. Añadir sal o las especias que se deseen.

5. Cerrar la olla a presión poniendo la pesa en el lugar por donde sale el vapor. En el momento que la pesa comienza a dar vueltas, es cuando comienza a contar el tiempo de cocinado.

6. Una vez transcurrido el tiempo, se aparta del fuego y se quita la pesa hasta que salga todo el vapor para poder abrir la olla. Es peligroso abrir la olla a presión cuando aún no ha salido todo el vapor.

7. Como la olla a presión se suele utilizar para el cocinado de legumbres, es probable que la receta ya esté elaborada, por lo que se puede servir directamente de la olla con un cucharón.

Para esta técnica de cocinado se han utilizado olla tradicional, a vapor o a presión; cuchillo; pelador; escurridor y cucharón.

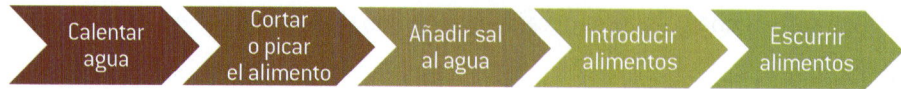

- **Salteado**

Para el salteado se utiliza una cantidad de aceite inferior que para el frito. Se presta a añadir especias, vino, etc., que potencie el sabor de las comidas y está indicado en carnes, pescados verduras y mariscos que no sean muy duros.

Las fases serían las siguientes:

1. Se pone un apoco de aceite en una sartén que sea suficientemente grande como para abarcar todos los ingredientes.

2. En el caso de carne o pescado, se trocean, y en el caso de verduras, se pelan con un pelador y se pican.

3. Se pone a calentar el aceite en la sartén y, cuando esté caliente, se van añadiendo los ingredientes, echando primero los que más tiempo tardarán en cocinarse.

4. Añadir la sal, pimienta o las especias elegidas.

5. Remover para evitar que se hagan los ingredientes más por unos lugares que por otros.

6. Mantener tapado para acelerar el proceso de cocinado.

7. Cuando esté cocinado, servir con una cuchara de servir.

Para esta receta hemos necesitado sartén, cuchillo y pelador, paleta para remover y cuchara de servir.

- **Planchado**

  Se utilizará plancha eléctrica o asador para el planchado de carnes y pescados.

  1. Se limpia el pescado y se corta o trocea la carne que se quiera utilizar.

  2. Se añade a la plancha un poco de aceite para evitar que la carne o el pescado de pegue, y se calienta.

  3. Se pone sobre la plancha la carne o pescado elegido.

  4. Cuando vemos queel alimento ya está cocinado, se le da la vuelta con una espátula de cocina para que se cocine por el otro lado.

  5. Una vez cocinado, se añade la sal, pimienta o la especia que se quiera.

  6. Se servirá en el momento, ya que los alimentos a la plancha no se deben volver a pasar por el calor porque pierden calidad, poniéndose muy duros.

  Hemos utilizado plancha eléctrica o asador, cuchillo para realizar los cortes de la carne, tijeras para la limpieza del pescado y espátula para dar la vuelta al alimento.

- **Horneado**

  1. Se pone el horno a precalentar durante unos 10 minutos.

  2. Se preparan los ingredientes, se pelan y pican en caso de las verduras y se cortan en trozos en caso de la carne o pescado. Es posible que también se desee cocinar una pieza grande como, por ejemplo, una pierna de cordero, para lo cual no procederemos al troceado.

  3. Se condimentan en función de la receta deseada.

  4. Se ponen todos los ingredientes en una fuente refractaria especial para horno y se introducen en él.

  5. Se elige el tiempo y los grados a los que se va a cocinar la receta, siguiendo las indicaciones del fabricante y en función del alimento que queramos hornear.

  6. Se deja asar durante el tiempo estipulado.

  7. Se saca del horno con mucho cuidado para evitar quemaduras y se utiliza una cuchara de servir para emplatar.

Se han utilizado para esta técnica de cocinado, horno, cuchillo y pelador, fuente especial para horno y cuchara de servir.

- **Estofado**

  1. Se pelan, pican y trocean los ingredientes elegidos para realizar el estofado.

  2. Se añade a la olla un poco de aceite que cubra el fondo y se introducen los ingredientes con la intención de sofreírlos.

  3. Una vez realizado este paso, se añadirá el caldo para realizar la salsa y se condimentará.

  4. Se dejará hervir hasta que la salsa se haya reducido todo lo deseado, controlando que los ingredientes no se cocinen en exceso.

  5. Se utilizará una cuchara de servir para repartir.

Para esta técnica se ha utilizado olla, cuchillo y pelador, y cuchara de servir.

3.4.3. Interpretación de diferentes manuales de instrucciones

Debido a los avances tecnológicos que la sociedad ha promovido, los electrodomésticos que adquirimos suelen necesitar un conocimiento de la forma de uso recomendada.

Si se adquiere un electrodoméstico que no se sabe utilizar, condicionará el resultado final del plato que se cocine.

Por ello, antes de comenzar a utilizar un electrodoméstico, deberemos conocer con bastante amplitud las características del mismo, sobre todo si nos referimos a robots de cocina que, aunque son muy útiles, necesitan un conocimiento amplio de las utilidades que ofrecen.

Los fabricantes explican muy bien en las instrucciones de uso, tanto las utilidades que tienen como las recomendaciones sobre tiempos de cocinado, al igual que las precauciones que se deben tomar sobre su uso. También se suele incluir un apartado de cómo se deben limpiar para evitar estropearlos y que el resultado sea bueno.

En los casos de los hornos, se debe prestar atención a las posiciones de los mandos, la temperatura, el temporizador, las posiciones de la zona que se debe calentar, etcétera.

Si nos referimos a la vitrocerámica, habrá que fijarse en los indicadores que se encienden y su significado.

Con respecto a los pequeños electrodomésticos, en ocasiones solemos pensar que se saben utilizar, pero siempre es recomendable leer las instrucciones, ya que se aprenden cosas que pueden hacer que nuestro trabajo sea aún más eficaz.

3.5. Elaboración de menús

La elaboración de los menús diarios puede ser llevada a cabo por el personal doméstico o puede ser realizada por el empleador.

Si lo realiza el empleador, se deberá tomar nota de los platos que desea cocinar con la mayor anterioridad posible. Lo ideal sería que se elaborara un menú semanal. De esta forma se podrá comprobar si en el menú se contempla la ingesta de todos los alimentos necesarios, es decir, si el menú es equilibrado, y, por otra parte, permitirá hacar una planificación de los días en los que hay que realizar las compras y qué alimentos hay que adquirir.

En el caso de que los menús sean elaborados por el personal, habrá que tener en cuenta varias cosas:

- El menú debe ser variado. Aunque se cocinen alimentos similares, se deben hacer utilizando distintas recetas.

- La dieta debe ser equilibrada, contemplando todos los alimentos necesarios para la salud.

- Debe estar adaptada a todos los comensales. No es lo mismo realizar un menú que comerán personas de edad avanzada, que uno donde comerán niños.

Los alimentos que se deben ingerir y la cantidad de veces que es necesario consumirlos vienen representados en la pirámide alimentaria. Esta pirámide, también llamada pirámide nutricional, es un gráfico que explica, de modo simplificado, los alimentos necesarios en la dieta y en qué medida se pueden consumir para que nuestra dieta sea equilibrada. Incluye todos los alimentos sin restringir ninguno, pero limitando la cantidad de veces que debe ser ingerido a la semana. A continuación, se muestra una pirámide alimenticia:

En la base se muestran los alimentos que hay que consumir diariamente: fruta, verdura pan, aceite, leche, etcétera.

En el segundo piso se indican qué alimentos se deben comer semanalmente: legumbres, pescado, carne, huevos, pasta, etcétera.

En el tercer piso y en el pico de la pirámide se muestran los que se pueden comer ocasionalmente: charcutería, hamburguesas, *pizzas*, grasas saturadas, etcétera.

Hay una gran cantidad de enfermedades que están relacionadas con la mala alimentación, como la obesidad, las enfermedades cardiovasculares, la hipertensión, etcétera.

Además es importante saber que siguiendo una dieta equilibrada y sana se consigue gran bienestar físico y, por lo tanto, también mental.

Existe una serie de nutrientes que deben estar presentes en los menús, ya que serán estos los que aporten la energía necesaria para las actividades del día a día, así como la que necesita nuestro organismo para un correcto funcionamiento.

Podemos resumir en los siguientes los que consideramos necesarios para nuestra salud: hidratos de carbono, proteínas, grasas, minerales, vitaminas y agua.

De la combinación adecuada de los tres primeros, se conseguiría una dieta equilibrada.

Los hidratos de carbono son usados por nuestro organismo para generar energía. Se encuentran en la pasta, el arroz, los cereales, etcétera.

Las proteínas se encargan de la regeneración del tejido muscular y del transporte de otros nutrientes. Las encontramos en la carne, el pescado, el huevo, etc. Se recomienda que al menos un 20 % de las proteínas sean de pescado, ya que son más beneficiosas para la salud y que se aumente la ingesta de proteínas de origen vegetal, muy presentes en los vegetales verdes.

Las grasas son también utilizadas por nuestro organismo para generar energía. En este caso hay que minimizar la ingesta de grasas saturadas, ya que generan el aumento de los niveles de colesterol. Las grasas saturadas se encuentran en la mantequilla, las carnes grasas y los embutidos, los quesos curados, la leche entera, etcétera.

Las grasas insaturadas, también llamadas grasas buenas, ayudan a cuidar el corazón y se encuentran en el pescado azul (salmón, sardinas, atún, etc.), en algunos aceites vegetales, en algunos frutos secos, etcétera.

Con respecto a las vitaminas, los minerales y el agua no aportan energía, pero son necesarios para el buen funcionamiento del cuerpo. Pueden evitar un gran número de trastornos a largo plazo.

La fibra es también un elemento imprescindible en la dieta. Se encuentra en algunas frutas y verduras, y en los cereales y alimentos integrales.

El agua debe ser la base de nuestra dieta, tomándola en abundancia.

Está recomendado por los nutricionista que se hagan entre 4 y 5 comidas diarias, siendo una de las más importante el desayuno. El desayuno junto con el almuerzo son las dos comidas que deben aportar el mayor número de calorías a nuestra dieta. Por el contrario, la cena debe ser muy ligera.

Por último, hay que prestar atención a adecuar la dieta al gasto de energía diario. Una persona que tenga una vida activa con práctica regular deportiva, necesitará una ingesta de calorías mayor que una persona con una vida sedentaria.

A modo de resumen se ofrece el siguiente gráfico donde se indican los alimentos que contienen los distintos nutrientes:

Hidratos de carbono	Proteínas	Grasas	Vitaminas	Minerales	Fibra
Arroz	**Origen animal:**	**Grasas saturadas:**	**Vitamina A:**	**Calcio:**	Frutas
Pan	Carne	Mantequillas	Frutas	Leche	Verduras
Pasta	Pescado	Carnes grasas	Verduras	Yogur	Alimentos integrales
Legumbres	Huevo	Embutidos		Derivados lácteos	
		Quesos curados	**Vitamina B:**		
	Origen vegetal:	Leche entera	Carnes,	**Hierro:**	
	Frutos secos		pescados y	Hígado	
	Vegetales verdes	**Grasas insaturadas:**	derivados lácteos	Riñones	
	Legumbres	Pescado azul		Carnes rojas	
		Aceites vegetales		Legumbres	
		Frutos secos		Frutos secos	
				Yodo:	
				Pescados agua salada	
				Sal yodada	

3.5.1. Valoración de los menús según el número y requisitos alimenticios específicos de los comensales (alergias, niños, personas mayores, dietas)

Para una correcta elaboración de los menús, es imprescindible adaptarlos a la presencia de las distintas personas que convivan en el domicilio. Algunos aspectos que se deben tener en cuenta son la edad de los comensales, alergias o intolerancias alimentarias, dietas, etcétera.

Para poder tener en cuenta estos aspectos, el personal doméstico tendrá que ser informado de todo ello por el empleador, ya que esto va a determinar las distintas recetas que se vayan a elaborar.

Algunos de los casos con los que nos podemos encontrar son los siguientes:

- Personas con alergias alimentarias: las alergias alimentarias son respuestas exageradas que se producen desde el sistema inmunológico de una persona por el consumo de un alimento. Las alergias alimentarias más comunes son al huevo, al pescado, a la leche, a los frutos secos y a los mariscos. Los síntomas pueden ser dolor abdominal; diarrea; hinchazón de la boca, garganta, ojos, etc.; desmayo; dificultad para respirar; vómitos, etcétera.

- Personas con intolerancia alimentaria: aunque parece lo mismo que lo anterior, no lo es. Las intolerancias alimentarias producen unos efectos menos exagerados que se pueden resumir en dolor abdominal, cólicos, acidez o diarrea. Las más comunes son la celiaquía (intolerancia al gluten) y la intolerancia a la leche y los productos lácteos.

  En la mayoría de las ocasiones, es solo una de las personas del domicilio la que padece alergia o intolerancia alimenticia, por lo que el resto si podrá tener una alimentación sin esas limitaciones. Habrá que extremar las precauciones cuando la persona alérgica sea un niño, ya que se corre el riesgo de que pueda alcanzar algún alimento nocivo para él una vez que los platos estén servidos.

- Personas con enfermedades que condicionan su dieta:
  - Diabetes: esta enfermedad se da en personas cuya producción de insulina es deficiente. Por lo general, se aconseja evitar la ingesta de azúcares y grasas saturadas.
  - Hipercolesterolemia: se refiere a un alto nivel de colesterol en el cuerpo. Por lo general, se indica la reducción de la ingesta de grasas saturadas, presentes en la carne de cordero, cerdo y ternera; el chocolate; las margarinas, etc., y el aumento de alimentos que contengan omega 3, como, por ejemplo, el pescado azul.
  - Hipertensión: nos referimos a la tensión arterial alta. En estos casos habrá que reducir la ingesta de grasas, sodio y alcohol.

— Obesidad: supone la presencia de un sobrepeso desmesurado. Como norma general, la dieta debe ser hipocalórica.

En todos los casos anteriores, será el endocrino el encargado de llevar a cabo las indicaciones necesarias para mantener la salud de las personas afectadas por estas enfermedades.

- Presencia de niños: los niños suelen tener una actividad física bastante alta, por lo que necesitan mucha variedad de alimentos. Un hábito de alimentación saludable se adquiere desde el momento del nacimiento, por lo que es bueno que a los niños no se les excluya de alimentos como las verduras, frutas y pescado que, aunque en muchos casos suelen ser reacios a consumirlos, se debe intentar que los ingieran. Dependerá en muchas ocasiones de la imaginación de la personas que elabore los platos, que los niños tengan una dieta equilibrada. Es importante recordar que hay que evitar la bollería, ya que posee un alto contenido en grasas saturadas.

- Personas mayores: con las personas mayores ocurre lo contrario que con los niños. Suelen no tener mucha actividad física por lo que las dietas deben ser con pocas calorías y bajas en sal. Es recomendable la presencia de calcio, ya que es bueno para evitar la osteoporosis, muy común en personas de avanzada edad.

SABÍAS QUE...

Según estudios realizados por el Ministerio de Sanidad, hay una relación directa entre los niños que no desayunan y la presencia de sobrepeso entre los niños y jóvenes.

Las cifras de obesidad y sobrepeso en España ha ascendido preocupantemente en las dos últimas décadas y en la actualidad, en la población adulta (25-60 años), la prevalencia de obesidad es del 14,5 % mientras que la de sobrepeso asciende al 38,5 %. En la población infantil y juvenil (2-24 años) cuya prevalencia de obesidad está en el 13,9 % mientras que la de sobrepeso está en el 12,4 %.

En comparación con el resto de países de Europa, España se sitúa en una posición intermedia en el porcentaje de adultos obesos. Sin embargo, en lo que se refiere a la población infantil, nuestro país presenta una de las cifras más altas.

3.5.2. Interpretación y ejecución de las instrucciones recibidas

Como ya hemos comentado con anterioridad, para poder ejecutar e interpretar las instrucciones que recibamos del empleador, es necesario tomar buena nota de ellas. En un principio, es muy importante que tengamos muy claro si hay algún comensal con necesidades alimentarias especiales. Las alergias alimentarias, por lo general, no tienen unos efectos muy nocivos, pero en ocasiones han causado la muerte a las personas que han ingerido el alimento al que son alérgicos.

Más allá de este punto, también se deben anotar toda clase de preferencias en cuanto a las comidas, hora en la que le gusta comer en función de la llegada de los miembros de la familia, estancia en la que prefieren comer, si les gusta comer todos juntos o por el contrario el almuerzo se hace de forma individual, etcétera.

3.5.3. Interpretación de recetas

Las recetas que va a realizar en el domicilio dependerán de los gustos y necesidades nutricionales de las personas que allí vivan. Se pueden obtener bien a través del cliente o las puede aportar el personal doméstico.

En ocasiones, si se quiere innovar y cocinar distintos alimentos de diferentes formas, se pueden buscar en libros, existe una gran cantidad de ellos comercializados, aunque también se pueden buscar por internet.

Las recetas suelen incluir las cantidades por comensal, los tiempos de cocinado, los instrumentos necesarios, los aportes calóricos, la dificultad, etcétera.

Lo que puede entrañar más dificultad a la hora de interpretar una receta es conocer los pesos y volúmenes que se especifican, los ingredientes que se necesitan y las técnicas de cocinado que se aconsejan.

Generalmente, en todas las cocinas hay un peso que nos ayudará a utilizar la cantidad exacta del ingrediente que se especifique. De todas formas, en el caso de que no sea así, se ofrece una serie de trucos para poder medir los ingredientes sin necesidad de peso:

3.5.4. Planificación y organización de los tiempos de elaboración

Es evidente que la cocina doméstica es una de las tareas que más tiempo ocupa dentro de las tareas del trabajo doméstico. La cocina no solo conlleva la elaboración de los platos, sino que exige una gran cantidad de tiempo que podríamos resumir en los siguientes:

- Comprobación de ofertas para elegir el mejor lugar donde comprar.

- Realización de la compra.

- Almacenamiento de los alimentos.

- Elección del plato que se va a elaborar en función de las necesidades de los comensales.

- Preparación de los útiles de cocina.

- Preparación de los ingredientes.

- Cocinado.

- Servido de platos.

- Recogido de platos.

- Limpieza de útiles y cocina.

La planificación de la elaboración de los platos nos permite la realización de los mismos con una mayor rapidez. Para ello es necesario saber los ingredientes que vamos a utilizar para previamente haberlos adquirido en los comercios. Si los ingredientes están congelados, será necesario planificar el tiempo que necesitan para su descongelación que generalmente necesitará ser sacado del congelador el día de antes.

Otro aspecto que se debe tener en cuenta son los tiempos de reposo. Hay recetas en las que se exige que el alimento repose durante un tiempo determinado, por ejemplo, en casos de elaboración de flanes caseros.

Otras comidas, por ejemplo, deben ser servidas inmediatamente después de haber sido cocinadas.

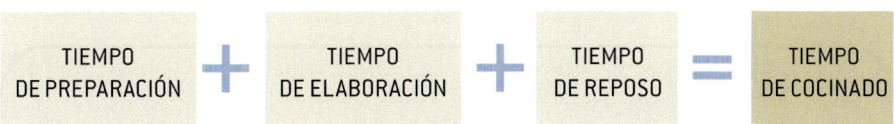

TIEMPO DE PREPARACIÓN + TIEMPO DE ELABORACIÓN + TIEMPO DE REPOSO = TIEMPO DE COCINADO

3.6. Presentación y mantenimiento de las elaboraciones culinarias para el consumo

La presentación es el acto de situar los alimentos de forma que sea cómodo para el comensal consumirlos. En ocasiones, un plato mal presentado da la sensación de falta de higiene u orden por parte de la persona que lo ha elaborado. Por el contrario, un plato bien presentado tendrá ya mucho ganado.

Existen distintas tendencias a la hora de presentar un plato. Cada vez más tiene más cabida, con el desarrollo de la cocina artística, la imaginación de las personas que cocine.

Como norma general, podemos explicar dos estilos de presentación:

- Tradicional: si imaginamos el plato como si fuera un reloj, en las 6 iría el alimento principal (carne o pescado) con la salsa y en las 2 y las 10, irían situadas las guarniciones.

- No tradicional: deja espacio para la creatividad de la persona que cocina. Se subdivide en otros dos:

    a) Estructurado: los alimentos se sitúan como en una estructura, unos encima de otros con la salsa en la base.

    b) Disperso: los alimentos se reparten por todo el plato, situando el principal en el centro y el resto por los alrededores.

De cualquier manera, hay que tener varios aspectos en cuenta:

- Elegir el plato adecuado a la receta y a la cantidad, es decir, si es una sopa lo que se va a servir, elegir un plato hondo, si es una ensalada, la elección adecuada sería una ensaladera.

- Poner los platos en la mesa con cierto orden, por ejemplo, las ensaladas, las salseras, los saleros, etc., ponerlos en la mitad de la mesa, de forma que todos puedan llegar.

- Para preservar los alimentos que no vayan a consumir en el momento, utilizar recipientes alimentarios o cubrirlos con film transparente y mantener en el frío de la forma que se explicó en apartados anteriores.

> **SABÍAS QUE…**
>
> ¿Entre los diez mejores chefs del mundo del año 2014 se encuentran dos españoles?
>
> Sus nombres son Ferran Adrià y Joan Roca.

3.7. Aplicación de normas mínimas de higiene en cualquier proceso de elaboración o manipulación de alimentos

Por razones evidentes, es necesario hablar de las normas de higiene en los procesos de elaboración de platos. Se deben seguir las siguientes normas básicas higiénicas:

- Las personas que estén enfermas con resfriados, gastroenteritis, etc., pueden transmitir las enfermedades a los comensales a través de la comida.

- Las manos que no estén suficientemente limpias pueden transmitir gérmenes de unos alimentos a otros.

- Las superficies de las cocinas y las tablas de cortar pueden contener bacterias que infecten a los alimentos que se coloquen sobre estas superficies.

Una buena metodología, con respecto a la higiene mientras se elaboran alimentos en la cocina, pasaría por los siguientes pasos:

- La persona que se dedique al cocinado, deberá estar aseada y con la ropa limpia.

- Es importante usar un gorro que evite la caída de cabellos sobre la comida.

- Es imprescindible lavarse las manos cada vez que se manipule un alimento y se pase a manipular otro.

- Las superficies donde se coloquen los alimentos deben estar limpias y se deberán volver a limpiar cada vez que se coloque un nuevo alimento sobre ellas.

- Los alimentos deberán cocinarse a temperaturas superiores a los 65 °C, ya que las bacterias mueren a partir de esa temperatura.

- La cocina deberá mantenerse lo más recogida posible.

EN ESTE CAPÍTULO HEMOS APRENDIDO A:

- Transformar los alimentos en platos elaborados a través de las distintas técnicas: frito, cocido, horneado, planchado, etcétera.

- Prestar atención a los enseres, instrumentos y electrodomésticos de los que disponemos, ya que de ello dependerá el resultado de nuestro plato.

- Reconocer la importancia que tiene la frescura y la calidad de los alimentos y cómo ello influye en el resultado final del plato.

- Conservar los alimentos a través del congelado y refrigerado evitando así que tengamos que desecharlos.

- Seleccionar los útiles de cocina más adecuados en función de las técnicas culinarias que se van a utilizar.

- Seleccionar los alimentos más adecuados para elaborar una dieta equilibrada prestando atención a los comensales con necesidades nutritivas especiales.

- Interpretar una receta para que podamos elaborar platos distintos y así ofrecer una mayor creatividad a nuestras creaciones.

- Conocer las técnicas de cocina más usuales para la elaboración de alimentos.

- Conocer las actividades que se deben realizar previamente al cocinado de alimentos.

- Identificar los útiles de cocina que se necesitan para la elaboración de platos.

- Elaborar un menú valorando las necesidades de las personas que lo vayan a consumir y planificando las comidas con la suficiente antelación.

- Presentar un plato de forma que sea atractivo.

- Mantener las condiciones higiénicas sanitarias necesarias en la cocina.

- Presentar un plato para que, además de estar sabroso, tenga un aspecto que sea agradable.

EJERCICIOS DE REPASO Y AUTOEVALUACIÓN

3.1. Enumera las técnicas de elaboración de comidas en la cocina doméstica más usuales.

3.2. ¿Cuál es el principal inconveniente de ingerir alimentos fritos?

3.3. ¿Qué métodos de cocción existen?

3.4. Explica cuál es la secuencia general en la elaboración de platos.

3.5. Indica cuáles son las variables que influyen en los tiempos de cocinado.

3.6. ¿Cuáles son los procedimientos previos al cocinado?

3.7. Completa la siguiente frase:

Las tres formas de descongelar un alimento son: el descongelado en _____, el descongelado en _____ y el descongelado en _____.

3.8. ¿Por qué es tan importante el lavado previo al consumo de los alimentos?

3.9. Explica los distintos tipos de cortes.

3.10. ¿Cómo deben ser conservados los platos elaborados?

4. Técnicas de limpieza y reordenación de la cocina

Introducción

Dos de las estancias en las viviendas que más atención requieren en cuanto a higiene son la cocina y el baño. En el baño, la humedad que se genera a través del vapor de agua, hace que se deban extremar las medidas higiénicas. En las cocinas, la presencia de alimentos, puede conllevar la aparición de bacterias que puedan ocasionar algún perjuicio para la salud de las personas.

Los alimentos, ya sean crudos o cocinados, son productores de bacterias debido a su descomposición natural.

En otras ocasiones, los productos envasados adquiridos en los comercios suelen estar expuestos a la suciedad presente en los lugares de almacenamiento, por lo que también en estos casos se debe tener cuidado para no transmitir esta suciedad durante todo el proceso de manipulado a los productos frescos.

Contenido

Objetivos

En este capítulo vamos a aprender a:

- Conocer los procedimientos de limpieza necesarios para promover la higiene en una cocina doméstica.

- Conocer la forma más adecuada de realizar la limpieza de los electrodomésticos.

- Conocer los sistemas de limpieza en las vajillas e instrumentos varios de la cocina doméstica.

- Elegir convenientemente los productos más idóneos para la limpieza de los elementos de las cocinas domésticas.

4.1. Procedimientos de limpieza e higienización de superficies, paramentos y mobiliario: limpieza de mobiliario, secado, limpieza de paramentos, barrido, fregado

Para ayudar a esclarecer los procedimientos de limpieza e higienización, se hace necesario conocer la definición de estos términos. Son las siguientes:

- Higiene: según la Real Academia Española, en su segunda acepción, la palabra higiene se define como limpieza o aseo. En su primera acepción, nos encontramos la relación directa entre higiene y salud, siendo definida como: parte de la medicina que tiene por objeto la conservación de la salud y la prevención de enfermedades.

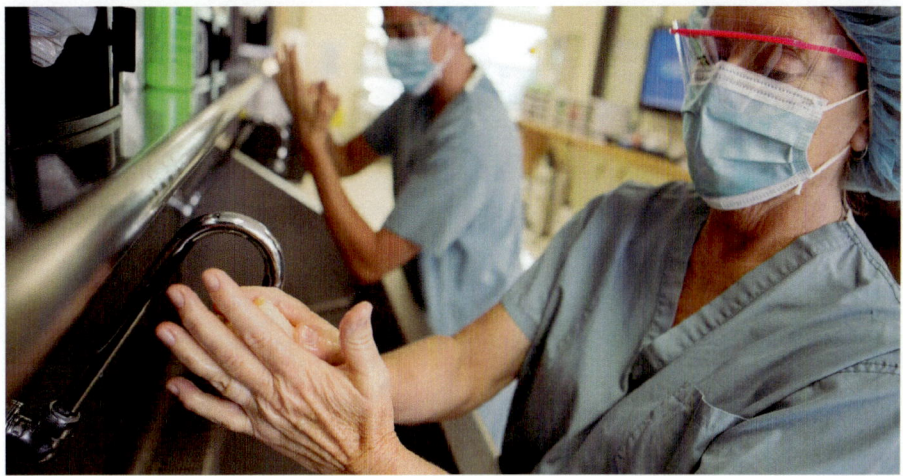

Por último, encontramos la diferenciación entre pública y privada, relacionando la higiene pública como un asunto en el que interviene la autoridad, desarrollando reglas preventivas, y la higiene privada, como la que depende de la aplicación de cada individuo. Ni que decir tiene que en nuestro caso estaríamos en esta última.

El término de higiene tiene obviamente distintos alcances, ya que la necesidad de la misma es distinta si nos referimos a un hospital, a una oficina, que si nos estamos refiriendo a nuestro propio hogar. Aunque el objetivo sería el mismo, los procedimientos, útiles y productos serían distintos.

Cuando nos referimos a la limpieza de una cocina doméstica, se incluye no solo la higiene, sino también la desinfección y el orden:

- El término, aunque está en estrecha relación con el término higiene, va más allá de los aspectos estéticos, teniendo mucho que ver con la eliminación de agentes patógenos que, de no ser eliminados, podrían llegar a causar alguna enfermedad. Para llevar a cabo la desinfección, se necesitan productos químicos, ya que los virus, bacterias, etc., son eliminados, de forma general, a través de este tipo de productos. Sin embargo cuando nos referimos al término higiene, no son productos imprescindibles.

- En cuanto al orden, nos referimos al acto de mantener la cocina despejada. Sería la situación en la que no encontramos alimentos, menaje, instrumentos de cocina ni ningún otro elemento que esté fuera de su sitio. El problema que presenta una cocina desordenada, además del estético, es que los elementos que se encuentren fuera de su sitio no permiten que se puedan limpiar las superficies convenientemente y que escondan restos de comida que pueden descomponerse y desarrollar microorganismos.

Limpieza de superficies

En este apartado se debe diferenciar entre las superficies que constituyen la parte superior de los muebles y que, en caso de las cocinas, suele estar cubierta por la encimera; las superficies que constituyen los pavimentos situados en el suelo y otras superficies como, por ejemplo, los azulejos.

Lo primero que hay que comprobar es el material con el que está elaborado el pavimento del suelo, ya que, de lo contrario, podemos utilizar el producto equivocado y provocar que el suelo se estropee. El más usual para una cocina doméstica suele ser la plaqueta, ya que es un material de alta resistencia y buena tolerancia a los productos de limpieza. No es muy usual encontrar que el pavimento de una cocina sea de tarima, mármol o de moqueta, ya que sería fácil de estropear o poco higiénico.

Para la limpieza diaria de las plaquetas, se puede utilizar cualquier producto que no sea abrasivo. Se recomienda, para el fregado diario, un friegasuelos neutro o algo alcalino, y para realizar la desinfección, que debe hacerse dos o tres veces en semana, una solución desinfectante.

Hay que prestar especial cuidado en las juntas de los pavimentos, ya que, por una cuestión estética, se colocan dejando una separación entre ellos. Es en estas hendiduras donde más polvo se acumula.

Se debe comenzar por el barrido del suelo para recoger los restos de comida que se hayan podido caer al suelo. Se hará con cuidado de no levantar polvo, ya que no podemos olvidar que se puede depositar sobre los alimentos que tengamos al descubierto o sobre la encimera y pasar así a los alimentos. Posteriormente se llevará a cabo el fregado para eliminar las manchas del suelo y facilitar así el desinfectado. Se recomienda el barrido y fregado al menos una vez al día, aunque habrá que hacerlo cada vez caiga algo al suelo o se derrame algún líquido.

La encimera de la cocina, como ya hemos comentado antes, se debe mantener limpia siempre, ya que es el lugar donde se cocina y más expuesto está a la presencia de bacterias. En la mayoría de los casos suelen ser de mármol, PVC o formica. En el caso de esta última, se tendrá especial cuidado para no dejar restos de agua que pueda ser absorbida por la encimera y que produzca deterioro en la misma.

Con respecto a los azulejos, se suelen limpiar muy bien con una paño y una solución jabonosa. En ocasiones, si la cocina tiene mucha grasa, se puede aplicar un antigrasa que reblandezca esta sustancia y facilite así el limpiado. La limpieza de los azulejos de las cocinas domésticas no es necesario que se lleven a cabo de forma diaria, sino que forma parte de la higienización a fondo.

Limpieza del mobiliario y paramentos

Los muebles que cada uno coloca en su cocina pueden ser de distintos materiales. Por lo general están concebidos para que duren mucho tiempo y sean resistentes a la humedad y al calor que producen los hornos y las placas.

La limpieza del mobiliario de cocina es también muy importante, ya que no podemos olvidar que es la zona de la casa donde se elaboran los platos y suele estar en contacto directo con los alimentos.

Se deben combinar las limpiezas diarias, usando productos desengrasantes, con las limpiezas a fondo donde el objetivo será desinfectar la zona. Una vez limpios, es importante proceder al secado, ya que así responderemos a un doble objetivo: evitaremos que se genere el moho y los hongos, y conseguiremos que los muebles de la cocina no se hinchen a causa de la absorción de humedad, prolongando así la vida del mobiliario de la cocina.

Los distintos elementos de las cocinas también requieren una especial atención, ya que, al igual que el mobiliario, están también en contacto con los alimentos. Son los siguientes:

- Placa vitrocerámica: deben limpiarse con una solución especial para la limpieza de estos electrodomésticos y los restos que se hubieran adherido a la misma se retirarán con un rascador para vidrio o con un estropajo que no raye.

- Las campanas extractoras reciben la grasa directamente de las ollas y sartenes. Es muy importante proceder a la limpieza de las mismas, ya que en ocasiones los restos pueden caer sobre la comida que se esté cocinando. Se procederá a desmontar los filtros e introducirlos en una solución desengrasante hasta que queden limpios. En el caso de que los filtros estén deteriorados, se sustituirán por otros nuevos.

- La nevera deberá vaciarse y limpiarse a menudo. No están recomendados los productos abrasivos aunque se puede limpiar con productos neutros y deben ser enjuagados con mucho cuidado ya que, en caso contrario, podría quedar olor al producto en el interior e impregnar los alimentos.

- El horno se puede limpiar con un producto específico para los hornos. Si hay mucha suciedad, se debe calentar un poco y luego aplicar el producto, dejándolo actuar hasta que la suciedad se desprenda. A continuación, se deberá enjuagar con mucha atención para evitar que quede olor a producto en el interior del horno que pueda impregnar los alimentos que posteriormente se cocinen en él.

- El microondas es uno de los electrodomésticos que más se ensucian, ya que los alimentos en su interior suelen saltar a causa del gran calor que se aplica en poco tiempo. Para evitar esto, existen unas tapaderas que se colocan sobre los platos y que mantienen el microondas limpio por más tiempo.

SABÍAS QUE...

¿La acumulación de grasa en las campanas extractoras es una de las principales causas de incendio en las cocinas domésticas?

4.2. Técnicas de limpieza en electrodomésticos: limpieza y secado

Como ya hemos comentado antes, los electrodomésticos son unas herramientas muy útiles que nos ayudan en la cocina. El hecho de que sean herramientas que necesitan electricidad, supone un riesgo añadido a la hora de su limpieza ya que, aunque deben ser higienizadas al igual que el resto de componentes de la cocina, se deben extremar las precauciones a la hora de utilizar agua sobre ellos. Las técnicas de limpieza de los electrodomésticos más utilizados son las siguientes:

- Para los electrodomésticos que reciben más grasa, como son las cocinas vitrocerámicas, se utilizará un limpiador especial para este material y los restos de comida que queden pegados se retirarán con un rascador para vidrio o un estropajo que no raye. Hay que cuidar que  todas las hendiduras y recovecos queden libres de restos de comida. Luego se secará para que quede más brillante y para evitar que el exceso de agua pueda perjudicar a la encimera en el caso de que sea de aglomerado.

- Los hornos se limpiarán con un limpiahornos utilizando una temperatura mayor para mejorar el resultado. Se dejará actuar y se retirarán los restos de producto con una bayeta. Deberán quedar secos para evitar que el olor del producto impregne los alimentos que se cocinen en su interior.

  Los hornos más modernos incluyen un sistema de autolimpiado que se llama sistema pirolítico, que se basa en la calcinación de los restos de alimentos y de grasa que queden en el interior a una temperatura superior a los 500 ºC.

- La campana se debe limpiar a menudo, introduciendo los filtros en una solución mezcla de agua y desengrasante. Deberá quedar seca para evitar que caigan gotas de agua o producto sobre los alimentos que se estén cocinando.

- La nevera debe vaciarse y limpiarse cada cierto tiempo aunque se recogerán los restos de comida que la hayan ensuciado en cada momento. Es importante que el congelador se cierre siempre bien, ya que de lo contrario se creará una capa de hielo que restará eficacia en el congelado de alimentos. Si esto ocurre, se deberá descongelar completamente.

  Se deberá hacer la limpieza de los cajones del congelador cada vez que observemos que es necesario. Los cajones se pueden sacar completamente y lavar bajo en grifo con un lavavajillas normal. Se secarán totalmente, ya que cualquier resto de agua que quede en ellos se convertirá en hielo.

- Los pequeños electrodomésticos que se utilizan en la cocina se deben desenchufar antes de proceder a su limpieza. Se desmontarán y se limpiarán las piezas cuidadosamente, siguiendo las instrucciones del fabricante. Las piezas lavables podrán sumergirse en el agua, pero habrá que extremar las precauciones con las zonas que contengan las partes eléctricas, como el motor, se podrán limpiar con una bayeta. Deberán quedar secos para facilitar su buena conservación.

- El resto de elementos que no sean electrodomésticos como la televisión, deberá ser limpiada también, ya que está expuesta a la grasa que se genera en la cocina.

4.3. Técnicas de limpieza de vajilla y útiles, procesos manuales y automáticos

En la cocina se utiliza una serie de útiles que son usados para servir los alimentos y poder consumirlos. Nos referimos a la vajilla, cubertería y cristalería.

Cuando hablamos de vajillas, aludimos a los recipientes donde se sirven los alimentos para ser consumidos.

Las vajillas suelen estar formadas por:

- Platos hondos, donde se servirán los alimentos en forma líquida, como, por ejemplo, las sopas y los purés.

- Platos llanos grandes, donde se servirán los platos sólidos.

- Platos llanos pequeños, destinados a los postres.

- Ensaladeras.

- Salseras.

- Tazas para el café o té.

- Etcétera.

Las vajillas además pueden estar elaboradas con distintos materiales. Los más comunes son la loza, la porcelana y la cerámica. La cerámica es la más económica mientras que la porcelana ha estado siempre considerada un artículo de lujo. En ocasiones puede estar decorada con metal por los bordes.

La cubertería está formada por cucharas, tenedores, cuchillo, cucharitas, etcétera.

La cristalería la formarían los vasos y copas de distintos tamaños y formas con diferentes utilidades:

- Agua.

- Refresco.

- Vino.

- Licores.

- Champán.

- Etcétera.

Una vez que la vajilla, cristalería y cubertería han sido utilizadas, hay que limpiarlas. Al igual que todos los elementos de la cocina que están en contacto con los alimentos, la higiene de la vajilla debe ser extrema, ya que si quedan restos pegados en ella, los gérmenes se pueden reproducir, causando daños para la salud de las personas que puedan llegar a utilizarla.

La limpieza de la vajilla, cubertería y cristalería se realizará con un lavavajillas y un estropajo suave que no raye la superficie. Se recomienda un estropajo de los que tiene una esponja por un lado para que podamos utilizarlo sobre diferentes superficies, en función de lo delicado que sea lo que estemos limpiando.

En ocasiones, y según el tipo de comida que se haya cocinado, puede ser que queden restos pegados en la superficie tanto de la vajilla como de los cubiertos. En estos casos, se llenará el fregadero de agua con un detergente alcalino y se dejarán en remojo hasta que la suciedad se reblandezca y se pueda limpiar.

Las ollas y las sartenes también pueden presentar estos problemas. Si en la olla se ha pegado la comida al fondo, se dejará con agua y desengrasante, y se pondrá a calentar hasta que se despegue. Hay que tener cuidado de no aspirar el vapor que desprende, ya que puede ser perjudicial.

En cuanto al orden, se recomienda que se comience por la cristalería, ya que suelen tener menos suciedad que el resto y, además, son más frágiles, por lo que cuanto más tiempo estén en el fregadero más posibilidades habrá de que se rompan. Se seguirá por la vajilla y cubertería para acabar con las ollas y sartenes.

Las técnicas anteriores estaban referidas al lavado manual de vajillas, cubertería y cristalería. Es posible que el domicilio donde se lleve a cabo nuestro trabajo disponga de lavavajillas. Estos electrodomésticos tienen un doble beneficio: el ahorro de agua y el ahorro de tiempo.

Estas máquinas lanzan chorros de agua caliente que se reparte por toda la vajilla y que consigue una mayor calidad en la desinfección e higiene.

Hay que añadir, en el lugar que tienen destinado para ello, una pastilla o líquido, que es el producto químico que promueve la limpieza, y que se irá deshaciendo durante el lavado. Asimismo hay que añadir también un producto abrillantador que evita que la cal del agua se deposite sobre la vajilla. Por último, dispone de otro compartimento que debe rellenarse de una sal especial que consigue la descalcificación del agua del lavavajillas.

Para que el lavado de la vajilla, cubertería y cristalería sea el adecuado, es necesario que los elementos se dispongan convenientemente en el interior del lavavajillas. Para conocer cuál es la mejor disposición, respetaremos las recomendaciones del fabricante, pero, como regla general, se evitará que los objetos estén pegados unos a otros, se colocarán ordenadamente y se evitará que obstaculicen a los inyectores por los que sale el agua.

4.4. Preservación del orden

El orden en las tareas de limpieza es imprescindible. Más aún cuando nos referimos a la cocina. Para conseguir una higiene total, es necesario mantener un orden, ya que los elementos que estén fuera de su sitio pueden esconder suciedad. El orden en la cocina es necesario por distintos motivos:

- Higiene: los elementos fuera de su sitio pueden esconder suciedad, restos de comida, etc., que ocasionen falta de higiene en la cocina.

- Mejor aspecto: una estancia ordenada siempre genera mayor agradabilidad que una que esté desordenada. Las sensaciones que generará en este caso serán negativas.

- Seguridad: los elementos colocados en el suelo o zonas de paso pueden convertirse en un obstáculo que suponga un riesgo para las personas que trabajen en la cocina.

- Ahorro de tiempo: las estancias ordenadas y despejadas se limpian antes y mejor que las que no lo están.

4.5. Aplicación de productos y útiles de limpieza

En la actualidad, existe una gran cantidad de productos que se comercializan y cuyo objetivo es la higienización y desinfección de la cocina. A continuación, se ofrecen los más utilizados y su aplicación:

PRODUCTOS	COMPOSICIÓN	APLICACIONES
LIMPIADOR AMONIACAL	Amoniaco, tensoactivos y aroma	Limpieza de suciedades compuestas por elementos grasos. Se puede utilizar en la mayoría de superficies. Indicado en la limpieza de mobiliario y azulejos de la cocina.
LAVAVAJILLAS MANUAL	Tensoactivos	Limpieza de vajillas, cristalerías y cuberterías.
LEJÍA	Hipoclorito sódico. Bloqueantes	Superficies y objetos que se quieran desinfectar. Indicada en la desinfección del pavimento de la cocina.

PRODUCTOS	COMPOSICIÓN	APLICACIONES
DETERGENTE CLORADO	Hipoclorito sódico. Tensoactivos	Suelos y superficies que se quieran desinfectar. Indicado en la desinfección del pavimento de la cocina.
FRIEGASUELOS	Tensoactivos iónicos y no iónicos	Limpieza de pavimentos. Indicado en la limpieza del pavimento de la cocina. No aporta desinfección.
DESENGRASANTES	Tiene una formulación alcalina	Útiles de cocina como las campanas extractoras, azulejos, ollas y sartenes, etcétera.
LIMPIADOR DE CAL	Ácido fosfórico	Eliminación de cal. Indicado en la grifería de la cocina.

Se deben comprobar los materiales con los que están elaborados el mobiliario, el pavimento y los azulejos de la cocina para evitar estropearlos al utilizar productos muy agresivos.

Los útiles de limpieza son los que permiten aplicar los productos de limpieza sobre el elemento que se va a higienizar. Los más utilizados en la cocina serán los cubos de fregar y las fregonas, los cepillos y recogedores, las bayetas y estropajos.

4.5.1. Tipos, dosificación, manipulación, almacenaje

Tipos de productos y dosificación

Según los productos anteriormente descritos, se recomiendan la siguiente dosificación:

- Limpiadores amoniacales: se utilizan para la limpieza diaria y están indicados en las suciedades provocadas por grasas. Los fabricantes suelen recomendar diluir entre un 5 % y un 10 % de este producto en agua.

- Lavavajillas: se usan en la limpieza de la vajilla, cristalería y cubertería. Se aplica con el estropajo y la dosificación dependerá de la suciedad de lo que tengamos que limpiar.

- Lejía: desinfectante indicado en la limpieza de pavimentos de las cocinas. La dosificación suele ser ¾ partes de taza para un cubo de agua de unos 5 litros.

- Detergente clorado: es un detergente que aporta lejía. Está indicado en la desinfección de los suelos de la cocina. El detergente aporta espuma a la solución y un olor menos intenso a lejía. La dosificación suele ser dos tapones por cubo de agua.

- Desengrasantes: se usan para eliminar la grasa en las campanas, azulejos, etc. La dosificación para utilizarlo diluido en los filtros de las campanas puede ser media taza de producto en 5 litros de agua, mientras que para proceder al desengrasado de los azulejos se podrá utilizar directamente sobre los mismos.

- Friegasuelos: se utilizan para la limpieza del pavimento, pero no aporta desinfección. Suele ser suficiente con dos tapones de producto por cubo de agua.

- Antical: se utiliza para eliminar la cal de los grifos y fregaderos. Se aplica directamente sobre ellos y se deja actuar hasta que se elimina con una bayeta, por lo que la dosificación será la suficiente para cubrir la zona que se quiera limpiar de cal.

Las dosis utilizadas se harán en función de la suciedad y del tamaño de lo que se quiera limpiar o desinfectar.

De cualquier manera, las dosis aquí indicadas son orientativas y será necesario respetar las indicaciones del fabricante, ya que también dependerá de la marca que comercialice los productos.

Manipulación de los productos químicos

Los productos de limpieza son productos químicos que pueden resultar irritantes para la piel.

Para proteger las manos de este tipo de productos, se recomienda el uso de guantes de goma o látex a la hora de manipularlos.

Un momento en el que la manipulación de los distintos productos puede llegar a perjudicar la salud es en la mezcla de los mismos. Hay que evitar realizar mezclas de productos, ya que no aumentan su eficacia, sino que puede ocasionar graves efectos en la salud de la persona que los manipule.

Otro aspecto que se debe tener en cuenta es el de evitar que los productos entren en contacto con los alimentos. En muchas ocasiones se dejan los alimentos sobre la encimera mientras se están fregando los platos. Este es un momento de máximo riesgo, ya que puede salpicar espuma sobre los alimentos.

Igualmente puede ser que, después de limpiar la encimera, si no recogemos totalmente el producto utilizado, los alimentos que se coloquen con posterioridad queden impregnados de producto de limpieza.

Almacenaje de los productos químicos

Los productos que se utilizan para la limpieza deben ser tratados con mucha precaución. Una de las fases que no debemos perder de vista es la del almacenaje. Para ello tendremos en cuenta las siguientes indicaciones:

- Nunca almacenaremos los productos químicos junto a los alimentos.

- Deberán almacenarse en un lugar que esté lejos del alcance de los niños y de las personas mayores que pueden confundir los envases con alimentos.

- No se deberán quitar nunca las etiquetas de los envases contenedores, ya que es ahí donde están las indicaciones sobre su peligrosidad y así evitaremos también que sean confundidos.

- Mantener en todo momento los envases bien tapados para evitar derrames.

- Es preferible no poner los productos de limpieza en el borde de las baldas para evitar caídas y posibles derrames.

4.5.2. Riesgos derivados de un uso incorrecto

Es necesario identificar dos tipos de riesgos en relación con el mal uso de productos de limpieza: los riesgos que afectan a las personas y los que afectan a las superficies, mobiliario y objetos que se van a limpiar.

En la actualidad, existe un sinfín de productos de limpieza que cada vez son menos tóxicos y generan menos riesgo para la salud de las personas que los manipulan, aunque no hay que olvidarse de que la manipulación de cualquier producto de limpieza entraña cierto riesgo. La mayoría de los accidentes ocurren por un exceso de confianza que hace que bajemos la alerta sobre las precauciones que se deben tomar.

Los riesgos para la salud derivados del mal uso de los productos de limpieza para las personas son los siguientes:

- Contacto directo con productos.

- Inhalación de productos de limpieza por vía respiratoria.

- Incendio y explosión.

Los momentos donde se presenta más riesgo son los de trasvase de productos de unos envases a otros, ya que, de no hacerse con la suficiente precaución, podemos facilitar el contacto directo, la inhalación y el riesgo de incendio.

Como medidas preventivas se proponen las siguientes:

- Mantener las etiquetas de los envases originales de estos productos.

- Respetar las recomendaciones que contengan dichas etiquetas.

- Siempre que sea posible, sustituir los productos más peligrosos por otros que no lo sean.

- Utilizar los equipos de protección individual.

- A la hora de manipular sustancias que puedan desprender vapores o gases, es recomendable hacerlo en lugares donde exista la suficiente ventilación para evitar que estos gases se acumulen y puedan ser inhalados.

- Evitar acercar los productos que puedan resultar inflamables a los focos de ignición.

- Mantener los recipientes de los productos químicos convenientemente cerrados.

- Evitar la mezcla de productos de limpieza.

- Almacenar los productos en lugares alejados de la manipulación de otras personas, sobre todo niños.

- Si lo que queremos es evitar los daños sobre las superficies al aplicar un producto nuevo, deberemos comprobar su efecto en un lugar poco visible.

4.5.3. Interpretación del etiquetaje

El etiquetaje de los productos es la primera información que recibe el consumidor sobre el producto que va a adquirir y los riesgos que conlleva su uso. Todos los recipientes que contengan un producto químico deben llevar obligatoriamente la etiqueta correspondiente que debe recoger los siguientes datos:

- Nombre de la sustancia o del preparado.

- Nombre, dirección y teléfono del fabricante o importador.

- Símbolos e indicaciones de peligro para destacar los riesgos principales.

A partir del 1 de junio de 2015, el Reglamento sobre clasificación, etiquetado y envasado (CLP) establece la forma de clasificar, etiquetar y envasar sustancias y mezclas químicas peligrosas conforme a una serie de símbolos y códigos universales que se recogen a continuación en la siguiente tabla:

PELIGROS FÍSICOS Y QUÍMICOS		
	Explosivo	**Clasificación:** explosivo inestable, explosivo, peligro de explosión en masa, grave peligro de proyección, peligro de incendio, de onda expansiva o de proyección. **Precaución:** mantener alejado de fuentes de calor, chispas, llama abierta o superficies calientes. No fumar. Llevar guantes, prendas, gafas, máscara de protección. Utilizar el equipo de protección individual obligatorio. Riesgo de explosión en caso de incendio.
	Inflamable	**Clasificación:** gas extremadamente inflamable, gas inflamable, aerosol extremadamente inflamable, aerosol inflamable, líquido y vapores muy inflamables, líquido y vapores inflamables, sólidos inflamables. **Precaución:** no pulverizar sobre una llama abierta u otra fuente de ignición. Mantener alejado de fuentes de calor, chispas, llama abierta o superficies calientes. No fumar. Mantener el recipiente cerrado herméticamente. Mantener en lugar fresco. Proteger de la luz del sol.
	Gas a presión	**Clasificación:** contiene gas a presión, peligro de explosión en caso de calentamiento. Contiene gas refrigerado, puede provocar quemaduras o lesiones criogénicas. **Precaución:** proteger de la luz del sol. Llevar guantes, gafas, máscara que aíslen del frío. Consultar a un médico inmediatamente.
	Corrosivo	**Clasificación:** puede ser corrosivo para los metales. Provoca quemaduras graves en la piel y lesiones oculares graves. **Precaución:** no respirar el polvo, el humo, el gas, la niebla, los vapores, el aerosol. Lavarse concienzudamente tras la manipulación. Llevar guantes, prendas, gafas, máscara de protección. Guardar bajo llave. Conservar únicamente en el recipiente original.

		PELIGROS FÍSICOS Y QUÍMICOS
	Comburente	**Clasificación:** puede provocar o agravar un incendio; comburente. Puede provocar un incendio o una explosión; muy comburente. **Precaución:** mantener alejado de fuentes de calor, chispas, llama abierta o superficies calientes. No fumar. Llevar guantes, prendas, gafas, máscara de protección. Aclarar inmediatamente con agua abundante las prendas y la piel contaminadas antes de quitarse la ropa.
		PELIGROS PARA LA SALUD
	Toxicidad aguda	**Clasificación:** mortal en caso de ingestión. Mortal en contacto con la piel. Mortal en caso de inhalación. Tóxico en caso de ingestión. Tóxico en contacto con la piel. Tóxico por inhalación. **Precaución:** lavarse concienzudamente tras la manipulación. No comer, beber ni fumar durante su utilización. En caso de ingestión, llamar inmediatamente a un centro de información toxicológica o a un médico. Enjuagarse la boca. Almacenar en un recipiente cerrado. Evitar el contacto con los ojos, la piel o la ropa. Llevar guantes, prendas, gafas, máscara de protección. En caso de contacto con la piel, lavar suavemente con agua y jabón abundantes. Quitarse inmediatamente las prendas contaminadas. Lavar las prendas contaminadas antes de volverlas a utilizar. No respirar el polvo, el humo, el gas, la niebla, los vapores, el aerosol. Utilizar únicamente en exteriores o en un lugar bien ventilado. Llevar equipo de protección respiratoria. En caso de inhalación, trasportar a la víctima al exterior y mantenerla en reposo en una posición confortable para respirar. Guardar bajo llave.
	Peligros para la salud	**Clasificación:** puede irritar las vías respiratorias. Puede provocar somnolencia o vértigo. Puede provocar una reacción alérgica en la piel. Provoca irritación ocular grave. Provoca irritación cutánea. Nocivo en caso de ingestión. Nocivo en contacto con la piel. Nocivo en caso de inhalación. Nocivo para la salud pública y el medio ambiente por destruir el ozono estratosférico. **Precaución:** evitar respirar el polvo, el humo, el gas, la niebla, los vapores, el aerosol. Utilizar únicamente en exteriores o en un lugar bien ventilado. En caso de inhalación, transportar a la víctima al exterior y mantenerla en reposo

	Peligros para la salud	en una posición confortable para respirar. En caso de ingestión, llamar a un centro de información toxicológica o a un médico en caso de malestar. Llevar guantes, prendas, gafas, máscara de protección. En caso de contacto con la piel, lavar con agua y jabón abundantes. En caso de contacto con los ojos, aclarar cuidadosamente con agua durante varios minutos. Quitar las lentes de contacto, si lleva y resulta fácil. Seguir aclarando. No comer, beber ni fumar durante su utilización.
	Peligro grave para la salud	**Clasificación:** puede irritar las vías respiratorias. Puede provocar somnolencia o vértigo. Puede provocar una reacción alérgica en la piel. Provoca irritación ocular grave. Provoca irritación cutánea. Nocivo en caso de ingestión. Nocivo en contacto con la piel. Nocivo en caso de inhalación. Nocivo para la salud pública y el medio ambiente por destruir el ozono estratosférico. **Precaución:** ingestión y penetración en las vías respiratorias. Perjudica a determinados órganos. Puede perjudicar a determinados órganos. Puede perjudicar la fertilidad o al feto. Se sospecha que daña la fertilidad o al feto. Puede provocar cáncer. Se sospecha que provoca cáncer. Puede provocar defectos genéticos. Se sospecha que provocar defectos genéticos. Puede provocar síntomas de alergia o asma o dificultades respiratorias en caso de inhalación. En caso de ingestión, llamar inmediatamente a un centro de información toxicológica o a un médico. No provocar el vómito. Guardar bajo llave. No respirar el polvo, el humo, el gas, la niebla, los vapores, el aerosol. Lavarse concienzudamente tras la manipulación. No comer, beber ni fumar durante su utilización. Consultar a un médico en caso de malestar. En caso de exposición, llamar a un centro de información toxicológica o a un médico. Solicitar instrucciones especiales antes del uso. No manipular la sustancia antes de haber leído y comprendido todas las instrucciones de seguridad. Utilizar el equipo de protección individual obligatorio. En caso de exposición manifiesta o presunta, consultar a un médico. Evitar respirar el polvo, el humo, el gas, la niebla, los vapores, el aerosol. En caso de ventilación insuficiente, llevar equipo de protección respiratoria. En caso de inhalación, si respira con dificultad, transportar a la víctima al exterior y mantenerla en reposo, en una posición en la que pueda respirar confortablemente.

PELIGROS PARA LA SALUD		
	Corrosivo	**Clasificación:** provoca quemaduras graves en la piel y lesiones oculares graves. **Precaución:** no respirar el polvo, el humo, el gas, la niebla, los vapores, el aerosol. Lavarse concienzudamente tras la manipulación. Llevar guantes, prendas, gafas, máscara de protección. Guardar bajo llave. Conservar únicamente en el recipiente original.
PELIGROS PARA EL MEDIO AMBIENTE		
	Peligro para el medio ambiente	**Clasificación:** en el caso de ser liberado en el medio acuático y no acuático puede producirse un daño del ecosistema por cambio del equilibrio natural, inmediatamente o con posterioridad. Ciertas sustancias o sus productos de transformación pueden alterar simultáneamente diversos compartimentos. **Precaución:** según sea el potencial peligro, no dejar que alcancen la canalización, en el suelo o en el medio ambiente. Observar las prescripciones de eliminación de residuos especiales.

Los profesionales de la limpieza doméstica serán los responsables de mantener las etiquetas en los envases de estos productos, y de leer las indicaciones que ahí se desarrollen. De esta forma sabremos cuáles son los riesgos que conlleva el uso de ese producto.

EN ESTE CAPÍTULO HEMOS APRENDIDO A:

- Identificar los riesgos que conllevan los productos crudos como las carnes, pescados, frutas y verduras.

- Reconocer los motivos por los cuales es necesario mantener la cocina desinfectada e higiénica.

- Reconocer los distintos productos de limpieza que existen en el mercado y su aplicación dentro de una cocina doméstica, así como la dosificación recomendada.

- Planificar una limpieza de la cocina combinando productos para las distintos elementos de la misma.

- Mantener la limpieza de los electrodomésticos, tanto los habituales que se encuentran en las cocinas como los pequeños electrodomésticos.

- Realizar la limpieza de la vajilla, cristalería y cubertería de forma manual y a través del lavavajillas.

- Identificar los riesgos que conlleva el uso de productos químicos a través de la interpretación del etiquetado.

EJERCICIOS DE REPASO Y AUTOEVALUACIÓN

4.1. En cuanto a la limpieza de superficies, cuál será la primera comprobación que deberemos hacer para utilizar uno u otro producto de limpieza.

4.2. Completa la siguiente frase:

Las placas vitrocerámicas deben limpiarse con una solución especial para la limpieza de estos electrodomésticos y los restos que se hubieran adherido a la misma se retirarán con un _____ o con un _____ que no raye.

4.3. ¿Qué elementos forman una vajilla?

4.4. ¿Qué productos hay que añadir al lavavajillas para que el lavado sea adecuado?

4.5. ¿Cuáles son las aplicaciones del detergente clorado?

4.6. ¿Qué indicaciones seguiremos para aplicar las dosis de los distintos productos químicos?

4.7. Completa la siguiente frase:

Para proteger las manos de los productos químicos de limpieza, se recomienda el uso de _____ de _____ o _____ a la hora de manipularlos.

4.8. Cuáles son los tres riesgos derivados del mal uso de los productos de limpieza.

4.9. ¿Qué datos deben tener incorporados las etiquetas de los productos químicos?

4.10. ¿Qué precaución se debe tomar al manipular un producto tóxico?

5. Aplicación y seguimiento de medidas de prevención de riesgos laborales en el proceso de elaboración de alimentos, en domicilio particular

Introducción

Las medidas de seguridad que deben ser utilizadas en los domicilios particulares por los empleados domésticos se recogen en el Real Decreto 893/2024, de 10 de septiembre, por el que se regula la protección de la seguridad y la salud en el ámbito del servicio del hogar familiar.

Esta norma tiene por objetivo regular la protección de la seguridad y la salud en el trabajo de las personas trabajadoras en el ámbito de la relación laboral de carácter especial del servicio del hogar familiar.

Contenido

Objetivos

En este capítulo vamos a aprender a:

- Conocer e identificar los riesgos que conlleva el levantamiento de cargas.

- Conocer e identificar los riesgos que se producen cuando se manipula menaje de cocina, útiles o electrodomésticos.

- Conocer e identificar los riesgos derivados de la utilización de productos de limpieza.

- Utilizar convenientemente los elementos de protección.

5.1. Identificación de riesgos derivados de la manipulación de cargas

Muchos de los riesgos laborales a los que se enfrenta un empleado doméstico están relacionados con el levantamiento de cargas. Estas cargas pueden ser las bolsas de compra, el mobiliario, etc. Son muchos los objetos pesados que en un domicilio deben ser transportados y, por ello, es necesario prestar atención a una serie de recomendaciones:

- Cuando se levanta un peso desde la altura del suelo, se debe hacer flexionando las piernas con la espalda recta para hacer trabajar las piernas y no la espalda, y evitar así el riesgo de lesiones.

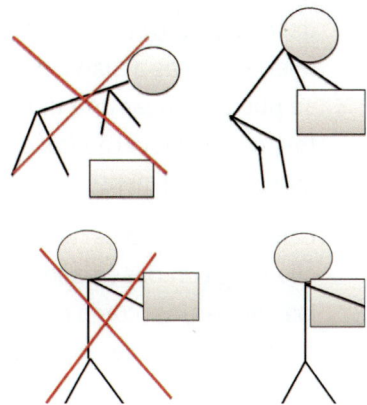

- Las cargas deben ser transportadas pegadas al cuerpo para proteger mejor la espalda.

- Si la carga es voluminosa, será necesario pedir ayuda para prevenir accidentes.

La manipulación de cargas puede dar lugar a lesiones por la sobrecarga física que supone. Los efectos suelen ser lumbagos, hernias discales y lesiones de espalda en general. Para que la manipulación de cargas llegue a provocar estos efectos, no es necesario que se manipulen cargas muy pesadas, sino que con otras más ligeras, pero de manera frecuente, también pueden aparecer.

Uno de los motivos por los cuales se generan estas lesiones es el exceso de confianza que hace que se soporten cargas superiores para las que nuestro cuerpo no está preparado, además utilizando posturas inadecuadas.

5.2. Identificación de riesgos derivados del trabajo con menaje, útiles y electrodomésticos

En las cocinas existen objetos que pueden suponer un gran peligro para las personas que allí trabajan y que en muchas ocasiones no se tienen en cuenta.

Ya hemos hablado de la importancia del orden en las cocinas, ya que es uno de los principales factores de riesgo al poder generar tropiezos y como consecuencia provocar daño físico.

De todas formas repasaremos a continuación los riesgos que supone la manipulación del menaje, los útiles de cocina y los electrodomésticos.

Riesgos derivados del uso del menaje de cocina

Recordaremos que el menaje de cocina se refiere a las ollas, sartenes, etc., que son utilizadas para la elaboración de alimentos. Los principales riesgos que se observan son los siguientes:

• Riesgos de quemaduras. Nos referimos a las quemaduras que pueden ser provocadas por el derrame de los alimentos, por el salpicado de aceite hirviendo o por el contacto directo de la piel con la olla o sartén. Para evitarlas, deberemos utilizar manoplas especiales de cocina que nos protejan del calor, y coger las satenes por el mango, ya que suelen tener un recubrimiento que las aíslan del calor. Por otra parte, para que el aceite no salpique, se puede colocar una tapadera sobre la sartén. Para el derrame de alimentos, no se colocarán las ollas en el borde de la encimera, sino que cuidará que estén suficientemente protegidas de las zonas de paso.

• Caídas de ollas o sartenes sobre personas. Para evitar que la caída de una olla tenga un desenlace fatal, se recomienda limitar la entrada de niños en las cocinas, así como mover las ollas o sartenes por encima de las personas o niños que puedan haber en la cocina.

    Los mangos de las sartenes quedarán hacia dentro de las encimeras, asegurándonos así que nadie que pase las empujará sin querer, provocando la caída de las mimas.

• Explosiones de ollas rápidas. Para evitar estos riesgos, se tendrá en cuenta que solo se debe abrir cuando haya salido todo el vapor. La pesa debe dar vueltas mientras se esté cocinando. En caso contrario, puede ser que la salida de vapor esté obstruida y que pueda provocar la explosión de la olla.

• Cortes provocados por la cristalería o la vajilla. Se dan sobre todo en el momento de la limpieza. Para ello es importante separar la vajilla y cristalería de las ollas y sartenes, ya que, de lo contrario, el peso de estas puede romper las primeras y, con los cristales, provocar cortes en las manos de la persona que los manipula.

Riesgos derivados de la manipulación de los útiles de cocina

Los accidentes que suelen darse más comúnmente son:

• Cortes o pinchazos derivados del uso de cuchillos o tijeras. Se recomienda evitar perder la atención en estos momentos. El uso de peladores, en lugar de cuchillos, puede limitar también estos

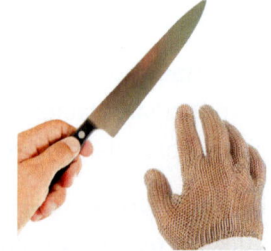

accidentes. Los guantes metálicos también pueden evitar los cortes, así como el uso de tablas cuando se van a trocear alimentos.

- Quemaduras provocadas por útiles de cocina que se han recalentado por estar muy cerca de focos de calor. Es recomendable no colocar objetos metálicos cerca de la zona de cocina.

Riesgos derivados de la manipulación de los electrodomésticos de la cocina

Los riesgos más usuales son:

- Electrocución por proceder a la limpieza del mismo estando enchufado. Es muy importante que los electrodomésticos estén desenchufados cuando se utiliza el agua para proceder a su limpieza. De lo contrario, puede haber una derivación de electricidad que provoque la electrocución de la persona que lo manipula.

- Quemaduras provocadas por el calor de los electrodomésticos. En ocasiones no se espera a que el electrodoméstico se enfríe para proceder a su limpieza. Esto puede provocar quemaduras en la piel de la persona que lo manipula.

- Aunque los electrodomésticos suelen incorporar medidas de seguridad, habrá que extremar las precauciones en los que puedan producir cortes, por ejemplo, los cortadores de embutido o las batidoras, retirando las manos de la zona de actuación de las cuchillas.

5.3. Identificación de riesgos derivados del trabajo con productos de limpieza

En las actividades de limpieza, son muchos los productos químicos utilizados que pueden causar algún tipo de daño sobre la persona que los manipula y sobre las superficies que se va a limpiar.

Estos productos pueden ser tóxicos, corrosivos, irritantes o inflamables, por lo tanto, los riesgos asociados al uso de estos productos son los siguientes:

- **Contacto directo** con productos: en una mala manipulación de los productos, se puede dar el contacto con los mismos y siendo estos irritantes o corrosivos pueden producir irritación o quemaduras en la piel o los ojos. Estos efectos pueden aparecer inmediatamente o en un espacio de tiempo más largo en cuyo caso podría provocar alergias, eczemas, etc. Si se derrama un producto irritante, o que contenga sosa cáustica, se debe actuar de la siguiente manera:

— Retirar la ropa o las joyas que tengamos sobre la piel.

— Realizar un lavado inmediato con agua durante 20-30 minutos. No es recomendable la aplicación de ningún producto, ya que los efectos que se pueden conseguir pueden ser los contrarios a los deseados. En el caso de que los efectos no desaparezcan, se deberá acudir al médico lo antes posible.

— Si el contacto se da sobre los ojos, se deberá actuar rápidamente, ya que es una zona muy delicada. Se retirarán las lentillas en su caso y se lavará con agua o suero fisiológico, acudiendo a urgencias médicas lo antes posible.

• **Inhalación** de productos tóxicos por vía respiratoria: nos referimos a la inhalación de productos químicos que contaminan el ambiente de trabajo a través de los vapores o gases irritantes que desprenden. Los efectos pueden ser la intoxicación por inhalación. Esta intoxicación puede estar generada por la mezcla de productos tóxicos. Por ejemplo, la mezcla de lejía y amoniaco, genera un gas llamado cloramina que es muy tóxico. Al igual pasa cuando mezclamos la lejía con el salfumán. Estos gases dañan la mucosa y el sistema respiratorio.

Si se produce este tipo de intoxicación, se actuará de la siguiente manera:

— Se retirará a la persona de la zona contaminada, teniendo en cuenta que las personas que los retiren no inhalen los vapores.

— Buscar zonas donde se facilite la ventilación y oxigenación.

— Beber agua.

— Acudir al médico lo antes posible.

• La **ingestión** de productos tóxicos se da cuando se tragan por la boca. Los efectos pueden ser variados. Se actuará de la siguiente manera:

— Cuando se produce una ingestión de un producto de limpieza con tensoactivos o agentes espumógenos es buena la ingesta de aceite o líquidos como la leche. En cualquier caso debe ser valorado por personal sanitario.

— Si se ingiere lejía o productos cáusticos, es muy urgente que se acuda a los servicios sanitarios con mucha rapidez. No se debe provocar el vómito.

• **Incendio y explosión:** estos riesgos se presentan en productos inflamables o combustibles manipulados cerca de focos de calor, así como pulverizadores, como, por ejemplo, espráis. Hay que evitar pulverizar sobre las llamas.

En el caso de que se produzca un incendio, se podrá tapar la llama con un paño para extinguirla. Si aumenta, se llamará a los servicios de bomberos. Es recomendable tener disponible en la cocina un extintor.

Como medidas preventivas se proponen las siguientes:

— Mantener las etiquetas de los envases originales de estos productos, ya que en ellas se encuentran los pictogramas establecidos para determinar cuáles son los riesgos asociados al uso de los mismos.

— Siempre que sea posible, sustituir los productos más peligrosos por otros que no lo sean.

— Utilizar guantes que eviten el contacto directo entre la piel y los productos tóxicos.

— A la hora de manipular sustancias que puedan desprender vapores o gases, es recomendable hacerlo en lugares donde exista la suficiente ventilación como para evitar que estos gases se acumulen y puedan ser inhalados.

— Evitar acercar los productos que puedan resultar inflamables a los focos de ignición, prestando atención también cuando utilicemos un espray de no dirigir el producto hacia bombillas encendidas.

— Mantener los recipientes de los productos químicos convenientemente cerrados para evitar derrames que puedan ocasionar riesgos tanto a las personas que realicen la limpieza como a las superficies a las que pueda llegar.

— Evitar la mezcla de productos de limpieza que pueden reaccionar de forma violenta desprendiendo gases. Un ejemplo de productos que no deben mezclarse son las lejías con los productos que contengan amoniaco.

— A la hora del almacenaje de estos productos, deben estar fuera del alcance de los niños, reservando para ello un lugar alejado de los productos de alimentación.

SABÍAS QUE...

Existe un teléfono de información telefónica para emergencias toxicológicas que aparece en los productos de limpieza, prospectos de medicamentos, insecticidas, etc., y que es atendido por médicos especializados a los que se le puede pedir información en caso de accidente, ingestión o inhalación de este tipo de productos.

Este número es: 91 562 04 20

5.4. Utilización de equipos de protección individual

Los equipos de protección individual, llamados EPI, forman una serie de medidas que se deben utilizar en el puesto de trabajo, cuyo objetivo es evitar los riesgos inherentes al puesto de trabajo, protegiendo a la propia persona frente a accidentes. Los equipos de protección deben estar homologados según las normativas europeas y no se recomienda adquirir copias. De esta forma se pone de manifiesto la necesidad de asemejar el oficio de empleado doméstico a cualquier otra ocupación.

Los EPI que se utilizan en la actividad de limpieza doméstica son los siguientes:

GUANTES:

- De goma, látex o vinilo: se utilizarán cuando se quiera evitar el contacto con los productos de limpieza.

- De piel o de gran resistencia: serán necesarios cuando la actividad requiera la carga de mobiliario o similar.

- De malla metálica: se usará cuando utilicemos el cuchillo para evitar cortes.

- Manoplas: serán utilizadas para evitar las quemaduras que se puedan producir al tocar elementos muy calientes.

MASCARILLAS: su uso está recomendado en los casos que los productos que se van a utilizar desprendan gases que, siendo inhalados, puedan perjudicar nuestra salud.	
CALZADO DE SEGURIDAD: es importante que el calzado que se utilice sea antideslizante para que evitemos los resbalones y caídas. Los calzados de seguridad pueden ser: • Con puntera de seguridad: tienen en la punta un refuerzo de hierro para proteger al pie de la caída de objetos. • Con suela de seguridad: tienen en la suela una protección de hierro y sirve para proteger al pie de objetos punzantes que puedan traspasar la suela. • Con puntera y suela de seguridad: con ambos sistemas de seguridad.	
GAFAS DE PROTECCIÓN: se usarán en los casos de limpieza de techos o uso de productos cuyos gases que puedan desprender sean perjudiciales para los ojos.	

5.5. Siniestralidad en cocina

Como ya hemos comentado, es en la cocina donde más accidentes relacionados con el trabajo doméstico suceden. Los riesgos están asociados a los siguientes aspectos:

• **Incendios.** Son estos los accidentes más habituales. Pueden ser provocados por varias causas: cercanía de manteles o bayetas al fuego; sobrecalentamiento de la instalación eléctrica, debido al enchufe de varios electrodomésticos en el mismo; sobrecalentamiento del aceite en las sartenes.

• **Quemaduras.** Suelen suceder por una manipulación indebida de las ollas, sartenes, cafeteras, etc., que se retiran cuando aún están calientes. Es también interesante tener en cuenta que los mangos no deben sobresalir del mobiliario para evitar accidentes. Las ollas a presión se deben abrir cuando el vapor haya salido totalmente.

• **Desorden.** Los objetos que encontramos fuera de su sitio pueden obstaculizar el paso de personas, aumentando el riesgo de caídas y accidentes.

- **Caídas.** Las caídas pueden ser a distintos niveles o a nivel del suelo. En el caso de caídas al mismo nivel, pueden estar provocadas por el derrame de productos o tropiezos. Los líquidos que se derramen deben ser recogidos lo antes posible para evitar estos efectos.

  Las caídas a distinto nivel suelen ocurrir cuando utilizamos algún elemento como escaleras, taburetes, etc., para subirnos. Para ello se usarán solamente elementos seguros.

- **Cortes.** Un aspecto que hay que tener en cuenta con respecto a altos riesgos en la cocina es la presencia de objetos cortantes, tales como cuchillos, tijeras, tenedores, etc. Que deberán ser guardados en lugares donde no supongan un riesgo. La vajilla o cristalería también supone un peligro si no se actúa con cuidado cuando se limpia.

EN ESTE CAPÍTULO HEMOS APRENDIDO A:

- Levantar un peso desde el nivel del suelo de forma adecuada, doblando las rodillas y con la espalda recta para no forzarla.

- Prevenir los riesgos que implica el uso de productos tóxicos y qué hacer en el caso de que se ingieran, inhales o haya contacto con estos productos.

- Evitar los riesgos que supone la limpieza de los electrodomésticos.

- Identificar cuáles son los equipos de protección individual, para qué se utilizan y la importancia de que estén homologados.

- Detectar los riesgos que implican el uso de vajillas, ollas y herramientas cortantes.

EJERCICIOS DE REPASO Y AUTOEVALUACIÓN

5.1. Los principales riesgos de manipular el menaje de cocina son.

5.2. ¿Para qué se utilizan los guantes metálicos?

5.3. Completa la siguiente frase:

Las cargas deben ser transportadas _____ al cuerpo para proteger mejor la _____.

5.4. Para evitar la electrocución durante el limpiado de los electrodomésticos, ¿qué haremos?

5.5. ¿Qué puede provocar el contacto directo con productos corrosivos o irritantes?

5.6. Comenta un ejemplo en el que se genere gas que pueda ser nocivo por inhalación.

5.7. ¿Qué se puede hacer para extinguir una llama que se haya producido en la cocina?

5.8. ¿Qué son los EPI y para qué sirven?

5.9. ¿Cuáles son los EPI utilizados en la actividad de limpieza doméstica?

5.10. ¿Cuáles son los riesgos asociados al trabajo en la cocina?

6. Retirada selectiva de residuos y ahorro de recursos naturales en el proceso de elaboración de alimentos, en domicilio particular

Introducción

En la sociedad actual, la excesiva creación de residuos domésticos es una de las principales preocupaciones de los Gobiernos de todo el mundo. Los problemas de salud, la contaminación y los daños al medio ambiente que provoca una ineficiente eliminación de los residuos se agravan debido al ineficiente manejo de los mismos.

Son una media de 15 millones de toneladas de basura doméstica que se generan anualmente en las ciudades y la mejor forma de reducirla sería el reciclaje. De esta cantidad, más del 65 % es recuperable o reciclable.

Para ello es necesario concienciar a la población de la importancia del reciclaje y que utilicen los contenedores dedicados a ello. Se ha conseguido implantar un sistema de recogida selectiva a través de los distintos contenedores que facilitan el separado de los diferentes tipos de residuos que se generan en el hogar.

Contenido

Objetivos

En este capítulo vamos a aprender a:

- Conocer e identificar los tipos de residuos que pueden darse en la cocina de una vivienda.

- Conocer las formas de deshacerse de los distintos residuos que se producen en la cocina.

- Saber lo que es un punto limpio y para qué se utiliza.

- Mentalizarnos de la importancia del ahorro de los recursos naturales.

6.1. Clasificación y separación de residuos

Para entender cómo deshacerse de los residuos de la manera que menor impacto medioambiental genere, es necesario hacer una clasificación inicial de los mismos. Los dividiremos en:

- Residuos orgánicos: son de procedencia natural. Nos referimos a restos de animales y plantas, como, por ejemplo, la piel de la patata. Son asimilados por la naturaleza.

- Residuos inorgánicos: están creados por la mano del hombre y no se asimilan por la naturaleza, sino que necesitan ser tratados después de su vida útil. Nos referimos a cualquier cosa que no sea natural, como, por ejemplo, los plásticos, cualquier objeto que esté elaborado.

RESIDUOS ORGÁNICOS:	RESIDUOS INORGÁNICOS:
Plantas	Plásticos
Ceniza	Latas
Pelos	Tejidos
Carne	Envases
Pescado	Papel
Frutas y verduras	Electrodomésticos
Etcétera	Pilas
	Etcétera

Una vez clasificados, se debe proceder a la separación según el tipo de contenedor en el que deban ser depositados.

Los residuos orgánicos no presentan ningún problema, ya que todos se verterán en el mismo contenedor. Sin embargo, los inorgánicos pueden presentar más dudas, ya que se depositarán en distintos contenedores en función de su procedencia o fabricación.

6.2. Depósito en los contenedores adecuados

Los contenedores dedicados al depósito de los residuos domésticos deben estar en la cocina, lavadero o el patio. Aunque los espacios suelen ser reducidos, es recomendable tener contenedores que faciliten la selección de los residuos.

Se aconsejan contenedores con distintos compartimentos o, en el caso de que exista espacio suficiente, distintos contenedores para los siguientes tipos de residuos:

- Contenedor para residuos orgánicos.

- Contenedor para plásticos y envases.

- Contenedor para vidrio.

- Contenedor para papel y cartón.

Una vez que los residuos se han separado y depositados en distintos compartimentos que hemos dispuesto en el domicilio, se deben desechar en los contenedores que correspondan, situados en las ciudades.

Los **contenedores amarillos** están ideados para el desecho de envases, tetrabriks y latas. Todos estos residuos se llevan a plantas de selección donde se separan según los diferentes materiales y son compactados y embalados para que sean llevados a los distintos centros de reciclaje donde, en muchas ocasiones, se modifican y son reutilizados. Ofrecemos distintos ejemplos de ello:

- De los tetrabriks se fabrican bolsas de papel, láminas de aluminio, papel de cocina, etcétera.

- Las latas de acero se funden y son utilizadas en el sector del automóvil y con las de aluminio se hacen bicicletas, electrodomésticos, etcétera.

- Con los envases de plásticos se fabrican bolsas, ropa, cajas u otros envases, por ejemplo, para productos de limpieza.

Los **contenedores verdes** están dedicados a la recogida del vidrio. En ellos se pueden depositar botellas y envases de vidrio, pero no se deben desechar cristales, espejos, restos de cerámica, platos, fluorescentes, etcétera.

Estos residuos se llevan a las plantas de reciclaje donde se limpian y se trituran hasta que se convierten en polvo. A partir de este momento están preparados para fabricar otros envases de vidrio exactamente iguales que los originales.

En los **contenedores de color azul** se deberá desechar el papel y cartón. Un vez recogidos estos contenedores, el contenido es transportado a las plantas de reciclaje donde se comprime y se convierte en balas. Posteriormente se pone en remojo y se seca, se plancha y se enrolla en bobinas. Son estas bobinas las que se utilizan para hacer nuevas cajas, papel de embalaje, papel higiénico, etcétera.

No se debe tirar en el contendor azul el papel, servilletas o papel de cocina manchado de comida o aceite.

El **contenedor gris** está destinado a los residuos orgánicos. Allí se depositarán las sustancias de origen animal y vegetal como los restos de comida y de jardinería. Con ellos se puede elaborar el compost, utilizado como abono orgánico en la agricultura.

El **contenedor marrón** está ideado para desechar todo lo que no tiene cabida en los anteriores, como, por ejemplo, restos de barrer, pañales, excrementos de animales, etcétera.

Por otra parte, el aceite vegetal deberá reservarse igualmente hasta que pueda ser desechado. Una buena opción es la de utilizar una botella vacía y un embudo para reservarlo hasta que se pueda tirar a un contenedor especial para aceite.

Por último, podemos encontranos repartidos por distintos puntos de la ciudad, contenedores destinados al desecho de las pilas. Las pilas son, por lo general, altamente contaminantes, aunque las más contaminantes son las llamadas de botón. Una vez que la pila se degrada en el suelo, libera componentes muy contaminantes con el cadmio, mercurio, litio o plomo que provocan una degradación irreversible para el planeta. Este proceso de contaminación puede durar hasta 500 años, por lo que aún desconocemos los efectos que puede causar.

Si quieres saber más sobre la importancia de los residuos que se generan, escanea este QR.

6.3. Utilización de puntos limpios

Los puntos limpios son instalaciones de uso gratuito donde hay contenedores destinados a la recogida selectiva de residuos domésticos que no tienen cabida en ninguno de los contenedores anteriormente descritos y cuyo material de fabricación no debe ser mezclado con el resto.

Aunque no en todos los puntos limpios aceptan todos los residuos, por lo general, son los siguientes los que sí tienen cabida:

| RESIDUOS PARA EL PUNTO LIMPIO |

Pilas · Tapones · Bombillas · Baterías coches
Medicamentos · Pinturas · Chatarra · Aceite
Electrodomésticos · Aerosoles · Ropa · Radiografías

Para facilitar que todas las personas puedan depositar este tipo de residuos domésticos en los puntos limpios, los Gobiernos han puesto en marcha la creación de puntos limpios móviles. De esta forma, todos los ciudadanos tienen la posibilidad de colaborar en el mantenimiento del medio ambiente a través del reciclado.

6.4. Criterios para el uso racional del agua y la energía

En la actualidad, el **consumo de agua** es bastante elevado en los países desarrollados. Es evidente que se deben introducir medidas para un consumo racional del agua, ya que se debe garantizar la existencia de este bien en las generaciones futuras, pero sin prescindir de los estándares higiénicos que imperan en nuestra sociedad. Para ello se deben tomar las siguientes precauciones que no solo contribuirán al ahorro de agua, sino también al ahorro económico del coste de la misma:

• Si se friega a mano, se debe cerrar el grifo. Se pondrán los platos en remojo para enjabonarlos y posteriormente se abrirá el grifo y se aclararán. Se puede intentar fregarlos justo después de comer para evitar que los restos se peguen y necesitemos más agua para limpiarlos.

- El inodoro no debe utilizarse como una papelera. Evitemos arrojar colillas o restos y así no utilizaremos tanta agua.

- Si nos duchamos en lugar de bañarnos podremos ahorrar hasta 300 litros.

- Mientras que nos enjabonamos en la ducha podemos cerrar el grifo, al igual que cuando nos cepillamos los dientes o nos afeitamos. Se puede reducir hasta un 40 % del consumo.

- Los niños pequeños pueden bañarse juntos.

- El uso de la manguera para limpiar las terrazas y aceras, supone más gasto de agua que si se utiliza la escoba y la fregona.

- Instalar dispositivos de media carga de agua en las cisternas, y de no ser posible, introducir una botella de agua en ella para ahorrar este volumen cada vez que se utilice el inodoro.

- Utilizar el lavavajillas y la lavadora cuando la carga esté completa.

- En la cocina, es recomendable limpiar las frutas y hortalizas, pero es mejor no hacerlo bajo el chorro de agua, sino en un recipiente adecuado.

- El uso de productos químicos muy agresivos supone la contaminación de las aguas subterráneas. Sustitúyelos por otros menos agresivos.

Con respecto a la **energía**, es necesaria la explicación de las distintas formas de obtenerla. Las podemos dividir en dos grupos:

- Fuentes de energías renovables (también conocidas como permanentes o alternativas): se obtienen de los elementos de la naturaleza que son inagotables. Por ejemplo, el sol, el viento, etcétera.

- Fuentes de energía no renovables: se obtienen igualmente de la naturaleza y se consideran no renovables porque el ser humano las consume más rápido de lo que se generan. El petróleo es un ejemplo de ello.

El consumo de energía debe ser responsable indiferentemente de la fuente utilizada para la obtención de la misma. Cualquier medio para obtener energía supone un impacto en el medio ambiente que se debe reducir lo máximo posible.

Por otra parte, es necesario tener en cuenta el coste económico del uso de la energía. Para reducir tanto el impacto en el medio ambiente como el coste económico, se ofrecen los siguientes consejos:

- Apagar las luces cuando no sean necesarias.

- Cerrar la puerta de la nevera después de su uso, así como el microondas.

- Apagar las luces de *stand by* por la noche.

- Utilizar el calor residual de las vitrocerámicas para finalizar el cocinado.

SABÍAS QUE…

Una persona de un país desarrollado puede consumir una media de 100 litros de agua al día (incluidos higiene, uso del inodoro, etc.). Si este dato se pasa a una ciudad con una población de 100 000 habitantes, se obtendría un consumo de agua de 10 000 000 de litros. Esta sería también la cantidad suficiente para dar de beber a 5 000 000 de personas.

EN ESTE CAPÍTULO HEMOS APRENDIDO A:

- Detectar que es en las cocinas domésticas donde se genera más cantidad y variedad de residuos, por lo que hay que prestar especial atención.

- Identificar las ventajas que conlleva el reciclado.

- Separar los residuos según su origen y para qué son reutilizados.

- Reconocer las fuentes de origen de la energía siendo estas las renovables y no renovables.

- Utilizar el agua y la energía de forma responsable a través de algunos consejos.

EJERCICIOS DE REPASO Y AUTOEVALUACIÓN

6.1. ¿Cómo se podrían reducir las toneladas de basura doméstica que se generan anualmente en las ciudades?

6.2. ¿Cuál es la clasificación inicial de los residuos?

6.3. ¿Qué tipos de residuos se pueden depositar en los contenedores amarillos, azules, marrones y verdes?

6.4. ¿Para qué se reutilizan los tetrabriks?

6.5. Completa la siguiente frase:

El contenedor marrón está ideado para desechar _____.

6.6. ¿Dónde se llevan los residuos?

6.7. ¿Por qué es tan importante llevar las pilas a reciclar?

6.8. ¿Qué son los puntos limpios?

6.9. Enumera 5 residuos que se pueden desechar en los puntos limpios.

6.10. Completa la siguiente frase:

Se deben introducir medidas para un consumo racional del agua, ya que se debe garantizar la existencia de este bien _____.